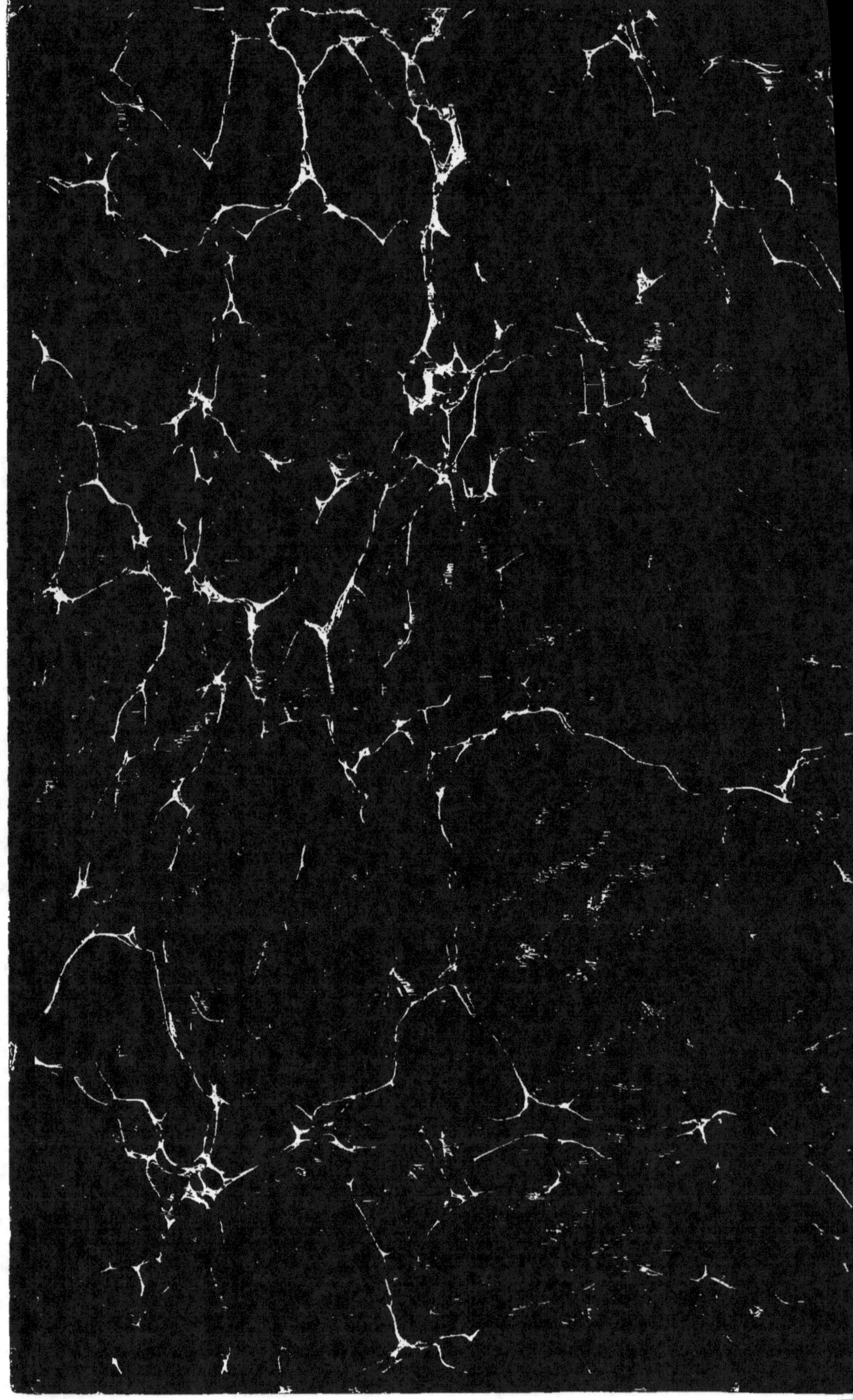

L.K. 7 91

GUIDE PITTORESQUE

AUX EAUX D'AIX

EN SAVOIE.

Imprimerie de Firmin Didot frères, rue Jacob, n° 24.

Guide Pittoresque

AUX

EAUX D'AIX

EN SAVOIE.

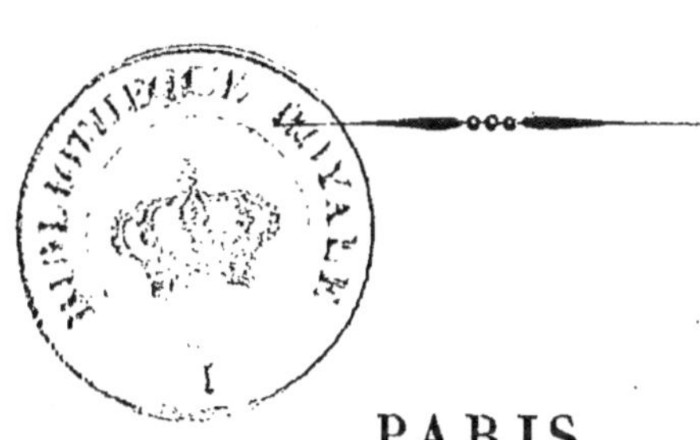

PARIS,

CHEZ AUDIN, LIBRAIRE,

QUAI DES AUGUSTINS, N° 25.

A LA LITHOGRAPHIE DE MARTENOT ET DELAMOTTE,

RUE RICHELIEU, N° 92.

—

1834.

INTRODUCTION.

La santé d'abord, puis aussi le désir de s'amuser... voilà deux raisons puissantes pour attirer les étrangers aux eaux. De tout temps, on y a eu recours; mais, depuis quelques années, il semble qu'elles soient encore plus recherchées. Sans doute, le besoin de se guérir y conduit beaucoup de monde; avouons-le toutefois, parmi tous ceux qui s'y rendent, il en est qui cèdent au bon ton, à la toute-puissante mode. Dans nos grandes villes, dans nos capitales, le voyage aux eaux devient presque obligé, dès que le retour de la belle saison se fait sentir, dès que les beaux jours du mois de mai font penser à d'autres plaisirs qu'à ceux du galop, du wisk ou de la bouillotte. On sait qu'aux lieux où se prennent les eaux, se trouveront des remèdes presque infaillibles, et des amusements non moins sûrs.... S'étonnera-t-on d'y voir aller avec confiance celui qui souffre et celui qui ne veut que se distraire?... Le pauvre y va pour trouver un adoucissement à ses maux; le riche, pour jeter sur sa vie de la variété, de la distraction; les gens de cabinet, les hommes d'état y vont reposer leur tête fatiguée, loin des affaires, loin du tourbillon de la société; le poète va y chercher de nouvelles inspirations; le savant, le naturaliste, le peintre s'y rendent aussi, sachant bien que les sites où se trouvent les eaux minérales sont toujours intéressants par la configuration du sol, les beautés que la nature y déploie, les richesses dans tous les genres que

la terre y présente à sa surface, ou qu'elle re-
cèle dans son sein.

Parmi les plus fréquentées, on peut mettre
celles d'Aix en Savoie. Chaque année, on y
voit arriver 3,000 personnes environ. Près de
la Suisse, presque sur la route de France en
Italie, la ville d'Aix, par sa position géogra-
phique, par l'efficacité de ses eaux, par l'a-
grément de son site, a tout ce qu'il faut pour
attirer et réunir les étrangers. Ne nous sau-
ront-ils pas quelque gré de leur offrir ce ma-
nuel, où ils trouveront et les renseignements
médicaux, ou hygiéniques, que le traitement
des eaux réclame, et l'indication des sites les
plus curieux, et les détails statistiques qui
répondent aux besoins et aux nécessités de la
vie. Les deux cartes qui sont jointes à l'ouvrage leur donneront une connaissance suffisante de la topographie des lieux qu'ils au-
ront à visiter, et de l'ensemble de la Savoie.

Les premiers chapitres, après quelques notions particulières sur les eaux minérales, contiennent la description de celles d'Aix, la
manière dont elles s'administrent, le régime
qu'elles exigent, et les ressources de la ville.
Les suivants forment une sorte d'itinéraire

pour toutes les excursions ou promenades à faire dans les environs. Les deux derniers sont destinés à faire connaître la Savoie en général.

Les dessins qui accompagnent le texte ne seront pas sans intérêt par leur exactitude. Les courses, les parties que l'on fait aux eaux ont un caractère tout particulier : c'est plus que du plaisir, c'est du bien-être. On aime donc tout ce qui peut en retracer le souvenir. D'ailleurs, *le pittoresque* n'est-il pas le goût dominant, nous allions presque dire la manie de l'époque?

L'auteur a passé un été à Aix (en 1830). S'il n'a pas pu mettre plus tôt en ordre les notes qu'il y avait prises, il peut au moins garantir la vérité actuelle des renseignements qu'il donne, grace à l'obligeante coopération de M. le docteur Vidal d'Aix, qui lui a transmis tous les matériaux nécessaires. Il se plaît aussi à nommer l'ouvrage de M. le comte de Fortis, comme une des sources où il a le plus souvent puisé.

CHAPITRE I.

L'ARRIVÉE.

On compte 151 lieues de poste de *Paris* à *Aix*, par *Autun*, *Lyon* et *Chambéry*. Trois routes conduisent de Paris à Lyon, l'une par *Autun*, la seconde par *Moulins*, la troisième par *Dijon*. Si l'on suit la première qui traverse la Bourgogne, on peut prendre à Châlons le bateau à vapeur jusqu'à Lyon. De là à Aix, la route est très-belle et extrêmement curieuse depuis le pont de Beauvoisin jusqu'à Chambéry. Pour la bien voir et donner le temps nécessaire aux formalités de la douane, au pont de Beauvoisin, il vaut mieux ne partir de Lyon que le soir; le lendemain on va coucher à Aix.

De Mâcon on peut aller directement à Aix, en traversant la *Bresse* et le *Bujey;* on passe par *Bourg*, le *Pont-d'Ain*, *Saint-Rambert*, *Belley*, *Ravignac*, où l'on trouve un bac pour traverser le Rhône, puis *Yenne*, *Chevelu*, le *Bourget*, *Chambéry* et *Aix*. Cette route est très-pittoresque et plus courte de 7 lieues; elle est terminée depuis peu de temps et ne laisse rien à désirer.

Au village du Bourget, situé au pied du mont du Chat, si l'on veut traverser la plaine, ce qui raccourcit un peu, il faut prendre un guide: dans les mauvais temps, ce chemin n'est pas praticable. Après deux bonnes heures de marche, on atteint la route de Chambéry; de là à Aix, il n'y a plus qu'une petite demi-lieue.

On arrive sur une place assez vaste, où se trouvent des hôtels garnis, des bureaux de diligences, des cafés, des auberges, des commissionnaires, etc. : enfin tout ce qui peut faciliter aux voyageurs la grande affaire de l'arrivée.

LA PLACE D'AIX

Si l'on n'a point de logement retenu d'avance, l'hôtel *Guilland* est là pour vous sauver tout embarras; on y est bien et à des prix modérés.

CHAPITRE II.

DES EAUX MINÉRALES EN GÉNÉRAL.

Avant de décrire les thermes d'Aix et tout ce qui s'y rapporte, il ne sera peut-être pas inutile de présenter ici quelques observations sur les eaux minérales en général. Les praticiens n'y trouveront rien qu'ils ne sachent déja; mais les gens du monde, ou ceux que d'autres spécialités occupent, y puiseront quelques connaissances, qu'ils n'auraient pas toujours le loisir ou la

faculté d'aller chercher dans les livres de l'art.
Les renseignements que nous offrons à nos
lecteurs sont pris dans les traités sur ce sujet
les plus estimés.

L'usage des eaux minérales remonte à la plus
haute antiquité. Les Grecs divinisaient chaque
source d'eau chaude. Les Romains nous ont laissé
des restes nombreux de leurs établissements ther-
maux. Négligées dans le moyen âge, toujours recherchées par les Maures et les Arabes, ces eaux
précieuses, dont l'habitude ne s'est point perdue,
ont été de plus en plus fréquentées, à mesure que la
civilisation et la médecine ont fait des progrès.
De tous temps, les Indiens, les Égyptiens, les
Russes, les Turcs, ont fait un grand usage des
bains.

L'expression d'eaux minérales semblerait indiquer que celles-là seules contiennent des principes
minéraux, tandis que l'eau commune en renferme aussi; mais l'expression est consacrée et
s'applique à toutes celles qui sont chargées de
substances dont l'expérience a fait reconnaître
les vertus médicinales. Elles s'imprègnent de ces
substances en traversant des terrains remplis de
minéraux, de sels, ou de résidus pyriteux; elles
offrent trop de variété dans les éléments qui les
constituent, pour qu'il ne soit pas difficile de les
classer méthodiquement. Cependant on les divise

par leurs propriétés les plus saillantes, en cinq séries :

1° Les eaux salines.
2° Les eaux gazeuses ou acidulées.
3° Les eaux ferrugineuses.
4° Les eaux sulfureuses.
5° Les eaux iodurées.

Il en est de froides; il en est de chaudes ou *thermales*. (*Thermos* en grec veut dire chaud). Pour celles-ci, d'où leur vient cette chaleur constante qui n'a que peu ou point varié depuis des siècles, et qui présente dans l'application du calorique des propriétés toutes particulières? Le phénomène n'est point encore positivement expliqué; plusieurs hypothèses ont été tour à tour présentées, soutenues, abandonnées, puis de nouveau représentées. Le fait est là pour occuper et déconcerter le savant... On a parlé de charbon de terre, de pyrites en combustion, d'un vaste foyer de matières ignées, occupant le centre de la terre, de l'action du fluide électrique.... Où est la vérité?... à qui sera-t-il donné de surprendre les secrets de la nature?...

Les eaux thermales conservent réellement leur chaleur plus long-temps que ne le ferait l'eau commune portée au même degré. Ce qui aurait besoin d'être constaté par des expé-

riences bien faites. Plusieurs auteurs se sont élevés contre cette assertion ; mais l'opinion générale,
de tout temps, s'est prononcée pour l'affirmative.
Quoiqu'à une température déja assez élevée,
elles n'entrent point en ébullition plus vite que
l'eau ordinaire; elles ravivent les couleurs végé-
tales et raniment les plantes fanées; elles ne
produisent point sur la langue l'effet ordinaire
de l'eau chaude. On cite celles de Bourbon l'Ar-
chambaut, dont la chaleur s'élève jusqu'à 50°, et
qui, cependant, n'occasionent aucune sensation
de brûlure lorsqu'on les boit : elles ne présentent
point au chimiste de substance qui ne se retrouve
dans l'eau commune ; et pourtant, les guérisons
extraordinaires qu'elles opèrent, prouvent en
elles l'existence d'un agent très-puissant, mais
inconnu jusqu'à ce jour.

Leur action bienfaisante est due bien plus à
leur température qu'aux matières qu'elles contiennent : d'où il sera facile de voir tout ce que
l'on perd en ne les prenant pas à la source même.
Outre les principes fixes qui s'y trouvent, on y
remarque aussi un principe volatil, un gaz qui
y joue un très-grand rôle. Mais ce qui les rend
d'un si grand secours, c'est d'offrir tout à la fois
des moyens curatifs médicamenteux et hygiéniques. La réaction bien connue du physique
sur le moral et du moral sur le physique suffira

pour apprécier toute l'influence de cette heureuse association.

Ce n'est point toutefois une panacée univer-
selle : en faire usage sans choix, sans précautions,
sans consulter les gens de l'art, est une grande
imprudence ; elles n'ont point, toutes, les mêmes
vertus ; elles ne conviennent point à toutes les
maladies, et à tous les degrés de la même maladie ;
souvent on leur demande trop, ou trop peu. Y
recourir lorsque le mal est sans remède, est sans
doute pour le malade un moyen favorable de
tromper, d'adoucir des douleurs inévitables, et
pour le médecin, une dernière ressource pour
s'affranchir d'une pénible responsabilité ; mais
il en résulte une défaveur sur les eaux bien
imméritée, et dont on doit se défier autant que
d'une confiance aveugle et sans bornes.

Elles ne sont point propices en général à toutes
les douleurs aiguës, toutes les fois qu'il y a fièvre
ou inflammation, aux tumeurs squirrheuses,
aux abcès intérieurs, aux individus qui ont la
fibre délicate et trop sensible. C'est une consé-
quence toute naturelle de leur mode d'action,
qui est toute d'excitation et opère évidemment
par voie révulsive.

Leur utilité spéciale est pour les maladies
chroniques, les engorgements du foie et des viscères abdominaux, la paralysie, les maladies

cutanées, les plaies d'armes à feu, les affections rhumatismales, nerveuses, scrofuleuses, les ulcères fistuleux. Quelques médecins, dont la conviction n'a point été entraînée par les faits, nient encore l'efficacité des eaux sous les rapports thérapeutiques; mais sous ceux de l'hygiène, il n'y a point de dissidence. En effet, comment ne pas reconnaître leur action merveilleuse sur les maladies vaporeuses, hypocondriaques, par exemple! Que de fois elles ont rendu la santé à des vieillards affaiblis par l'âge ou le chagrin; à des jeunes femmes tourmentées par une irritation nerveuse ou des suites de couches pénibles; à des jeunes gens fatigués, par la satiété, des plaisirs dont ils ont abusé, ou entraînés par un cerveau malade à toutes les faiblesses du spleen; à des gens du grand monde, que de graves occupations, le malheur, l'ambition, les passions enfin, avaient amenés au dégoût de la vie!... Le séjour des eaux, le voyage, un air nouveau et plus pur, des promenades variées, la suspension des affaires, des soins, des soucis, une liberté d'esprit qui met également le corps en repos, un régime sain et régulier, souvent aussi le pouvoir de l'imagination... n'en voilà-t-il pas assez pour produire des cures fréquentes?

Mais, nous l'avons dit, le traitement des eaux ne doit point être suivi sans précautions. On doit avoir égard à leur composition, au temps, au mode, à l'impression produite sur les divers organes, particulièrement sur l'estomac. C'est en tenant compte de toutes ces observations, que les médecins des eaux décident des cas où l'on doit les suspendre, les modifier, ou augmenter leur action par quelque médicament particulier, ou des moyens externes; tels que les frictions, les ventouses, etc., s'il faut avoir recours aux purgations, à la saignée, etc. etc.

La saison la plus favorable est la fin du printemps, l'été et le commencement de l'automne; dans les trop grandes chaleurs, il est bon de les interrompre.

On doit avoir soin de se munir, avant son départ, d'un bulletin exact et détaillé de sa maladie et du traitement suivi jusque-là, pour le remettre au médecin des eaux.

Avant de commencer les bains, on doit se reposer deux ou trois jours après son arrivée; adopter de suite un régime convenable, des repas réglés et légers, une nourriture saine et peu recherchée; se défier du trop grand appétit que donne un air nouveau; se vêtir avec soin, en pensant à ce qu'a dit un sage, que la mode de changer d'habits suivant la saison, avait tué plus de monde que la poudre à canon. Il faut des vêtements légers et chauds; l'exercice, soit à pied, à cheval ou en voiture, est de toute nécessité. On doit se lever et se coucher de bonne heure, et surtout écarter de son esprit tout ce qui peut inquiéter et agiter.

Le traitement consiste en boissons, en bains et en douches. Nous verrons, au chapitre des bains d'Aix, les divers modes d'application.

L'art a voulu venir au secours des personnes qui ne peuvent aller sur les lieux rechercher l'effet curatif des eaux. On en a fait d'artificielles, pour lesquelles il faut rendre des actions de grace aux savants qui s'en sont occupés. La médecine actuelle en fait un assez grand usage; mais qu'elles sont loin de l'efficacité des eaux thermales prises à la source!... On n'en doutera plus après avoir jeté les yeux sur ce rapide exposé.

CHAPITRE III.

DES EAUX MINÉRALES D'AIX.

Les eaux d'AIX sont *thermales ;* elles se divisent en deux sources, l'une sulfureuse, l'autre dite de *St-Paul* ou d'Alun, bien que cette substance n'entre pour rien dans sa composition. Sous le rapport médical, elles ont à peu près les mêmes propriétés, quoique leur analyse chimique diffère sensiblement. Toutes deux contiennent un peu de matière végétoanimale mucilagineuse. Leur chaleur varie de 34 à 37°. Celles d'alun sont constamment supérieures à celles de soufre d'un demi à deux degrés. Tous les tremblements de terre un peu considérables, notamment celui de Lisbonne en 1755, celui de la Calabre en 1783, et celui du 19 février 1822, les ont altérées d'une manière positive, surtout l'eau de soufre. Les grandes pluies les refroidissent un peu vers le printemps, plus particulièrement les eaux d'alun; ce qui fait supposer que celles-ci sont plus rapprochées de la superficie du sol, et cependant ce sont les plus chaudes. Du reste, on n'a point d'indice que leur température ou leur volume aient varié depuis qu'elles sont connues. L'eau est transparente, onctueuse, d'une grande pureté, exhalant au sortir de la source une forte odeur d'hydrogène sulfuré, d'une saveur douceâtre, terreuse, devenant potable par le refroidissement. Les eaux d'alun sont moins gazeuses que celles de soufre. Les dernières sont d'un usage plus fréquent.

Plusieurs auteurs ont écrit sur les eaux d'AIX, soit anciennement, soit depuis quelques années et dans plusieurs langues. Parmi les médecins qui en ont parlé, en s'occupant des eaux minérales en général, on peut citer MM. *Bouillon Lagrange*, *Patissier*, *Alibert*; parmi ceux qui en ont traité spécialement, les docteurs *Socquet*, *Dacquin*, *Despine*.

On trouvera encore d'excellents renseigne-ments sur AIX dans les ouvrages de *Cabias*, *Bonvoisin*; *Albanis - Beaumont*, dans la statis-tique du département du Mont-Blanc par *Ver-neilh*, la notice de *Francœur*, et surtout dans le voyage à AIX-LES-BAINS par le *Comte de Fortis*, l'ouvrage le plus moderne et le plus complet qu'on puisse consulter.

Plusieurs analyses des eaux, faites à des épo-ques diverses, ont présenté d'assez grandes différences. Voici le tableau comparatif des deux opérations que l'on regarde comme les meilleures. Quelques praticiens donnent la préférence à celle de Thibaud.

ANALYSE DE 10,000 GRAMMES D'EAU,

| | par SOCQUET. | | par THIBAUD. | |
| | En 1803. | | | |
	Soufre.	Alun.	Soufre.	Alun.
Acide carbonique libre.	0,2492	0,3880	1,3402	0,8300
Hydrogène sulfuré....	0,0950	0,0360	0,0950	0,0360
Carbonate de chaux...	1,2232	1,1666	0,8600	0,7800
Id. de magnésie....	0,6683	0,6683	0,2500	0,1600
Id. de fer.........	—	—	0,0300	une trace.
Muriate de chaux....	—	—	0,2800	0,2320
Id. de soude......	0,1019	0,2039	—	—
Id. de magnésie...	0,3511	0,2605	—	—

	par SOCQUET. En 1803.		par THIBAUD.	
	Soufre.	Alun.	Soufre.	Alun.
Sulfate de chaux.....	0,8155	0,8382	0,6400	0,8620
Id. de magnésie....	0,3285	0,4078	0,3600	0,2000
Id. de potasse.....	—	—	0,6000	une trace.
Id. de soude.......	0,3738	0,4191	0,6200	1,0680
Silice...............	—	—	0,1600	0,2000
Matière extractive....	0,0227	0,0227	0,1200	
Matière animale......				0,6380
Perte................	0,0458	0,0396	0,2000	

Les eaux de soufre contiennent de l'azote et du gaz hydrogène sulfuré qu'on ne retrouve plus dans celles d'alun, et qui, se combinant avec l'air atmosphérique, produisent de l'acide sulfurique.

A l'extérieur, on les emploie avec succès dans les affections chroniques, la paralysie, les rhumatismes, les plaies d'armes à feu, les maladies de la peau, les vieux ulcères, les rétractions et desséchements des membres, les tumeurs blanches, l'ankilose fausse.

A l'intérieur, dans les engorgements chroniques des viscères du bas ventre, l'asthme nerveux, les affections vaporeuses, l'hypocondrie, la jaunisse, la chlorose, les douleurs néphrétiques, la phthisie pulmonaire.

Elles sont plus souvent administrées à l'extérieur qu'à l'intérieur ; elles s'altèrent beaucoup par le transport.

On ne les prescrit qu'avec réserve dans les maladies où il y a des symptômes de fièvre, d'inflammation, de pléthore; aux scorbutiques, aux tempéraments maigres et délicats, aux poitrines faibles, aux épileptiques, aux personnes disposées à l'apoplexie.

Tout porte à croire à leur efficacité dans les cas de choléra, par leur propriété d'exciter fortement la transpiration, et de ranimer la vie dans les extrémités, en appliquant l'eau ou la vapeur. Les documents historiques démontrent que la peste qui ravagea la Savoie en 1564, et 1628, ne pénétra point à AIX, et que tout le temps que dura l'épidémie, le sénat et la cour souveraine quittèrent Chambéry pour y résider.

Les eaux d'AIX ont été connues dans les temps les plus reculés. Les Romains y avaient un grand établissement dont on trouve encore beaucoup de traces. Le nom d'*Aquæ Gratianæ* donné à la ville d'AIX, fait croire qu'elle avait été construite dans le IVe siècle, sous l'empereur Gratien.

On pense généralement que les eaux viennent de la montagne de Mouxi, qui domine la ville à l'est; ce qui est assez probable par la direction des sources et quelques crevasses dans le rocher, dont on voit sortir des vapeurs chaudes, notamment au hameau de Montin, sur le rocher de Saint-Victor, à Mouxi.

En 1784, le docteur Dacquin et le physicien Thouvenel essayèrent de suivre leur cours à l'aide du fameux Bleton *. Ils crurent être sûrs que leur origine était commune vers le nord-est, et que leur point de division était à un quart de lieue de la ville. D'autres auteurs nient leur communication, en faisant observer que tous les tremblements de terre ont altéré les eaux de soufre et point celles d'alun, et que ces dernières ont toujours une température plus élevée. Ce fait nécessiterait donc de nouvelles expériences.

Les deux sources jaillissent du rocher à 100 pas l'une de l'autre, avec une abondance extraordinaire et à une certaine élévation du sol ; ce qui donne toute facilité pour s'en servir. Près de la porte dite de Mouxi, dans le chemin qui monte à la maison Chevaley, on voit deux soupiraux qui aboutissent à la source d'eau d'alun : on les nomme habituellement les *Grottes des serpents*. Avant qu'elles ne fussent murées, on dit que les couleuvres, très-communes à AIX, sans être dangereuses, venaient y pondre et y changer de peau : ce qui leur a valu leur nom. On peut y entrer ; mais l'intensité de la vapeur, et la cha-

---

* Bleton était un paysan, sans aucune instruction, à qui la présence des eaux thermales donnait, assure-t-on, un frémissement nerveux, une sorte d'état fébrile fort extraordi-

leur qui monte à 40°, en rendent l'accès difficile. Ils ne sont qu'à une petite distance l'un de
l'autre. Les courants d'air prouvent qu'ils communi-
quent ensemble.

L'eau d'alun, sortant du rocher par quatre
ouvertures horizontales, est reçue dans un bassin
demi-circulaire de 10 pieds de diamètre, sous
une voûte fermée par une large porte. Cet établissement a pris le nom de *Thermes Bertholet*,
pour honorer ce savant qui était né en Savoie. On y
administre des douches aux pauvres.

De là, par un conduit pratiqué sous une petite
place, l'eau se rend dans un second réservoir
plus grand, très ancien, nouvellement restauré,
et disposé de manière à doucher les chevaux et
autres animaux; il communique aux piscines
publiques ou bains de natation. Il est connu
sous le nom de *Bain royal*, parce que Henri IV
s'y baigna souvent, dit-on.

Plusieurs artistes vétérinaires ont constaté l'effet
salutaire des douches dans des cas d'hippiatrique.

Sur la petite place, deux bornes rustiques
forment deux fontaines, l'une d'eau commune,
l'autre d'eau d'alun; c'est à cette dernière que
s'adressent les buveurs d'eau.

Un peu plus bas, l'eau de soufre, à sa sortie
de terre, se distribue dans un vaste bâtiment disposé exprès, qu'on nomme le *Bâtiment royal*.
et édifice, dû au roi Victor Amédée III, fut com-

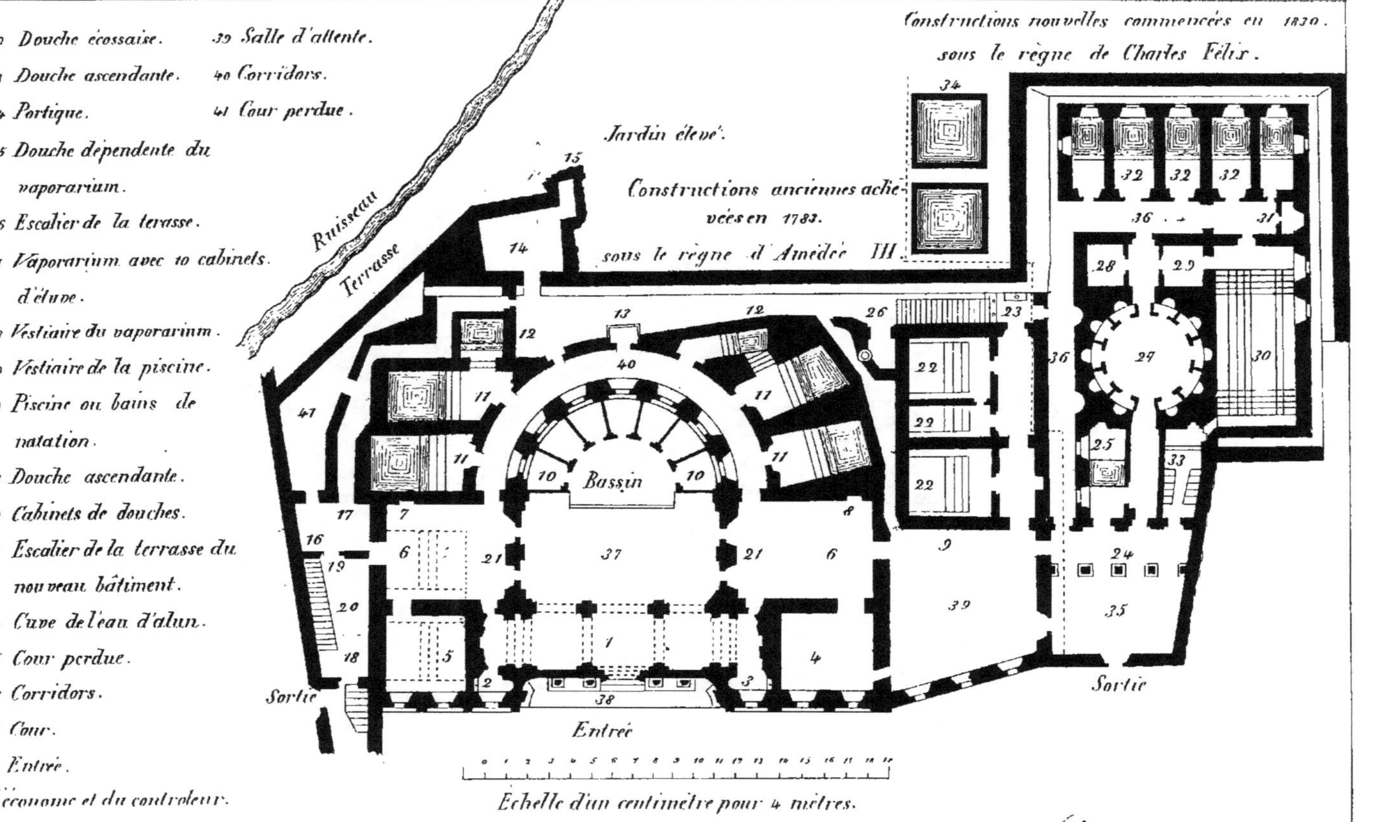

PLAN DU BATIMENT ROYAL DES EAUX THERMALES d'Aix-les-Bains.

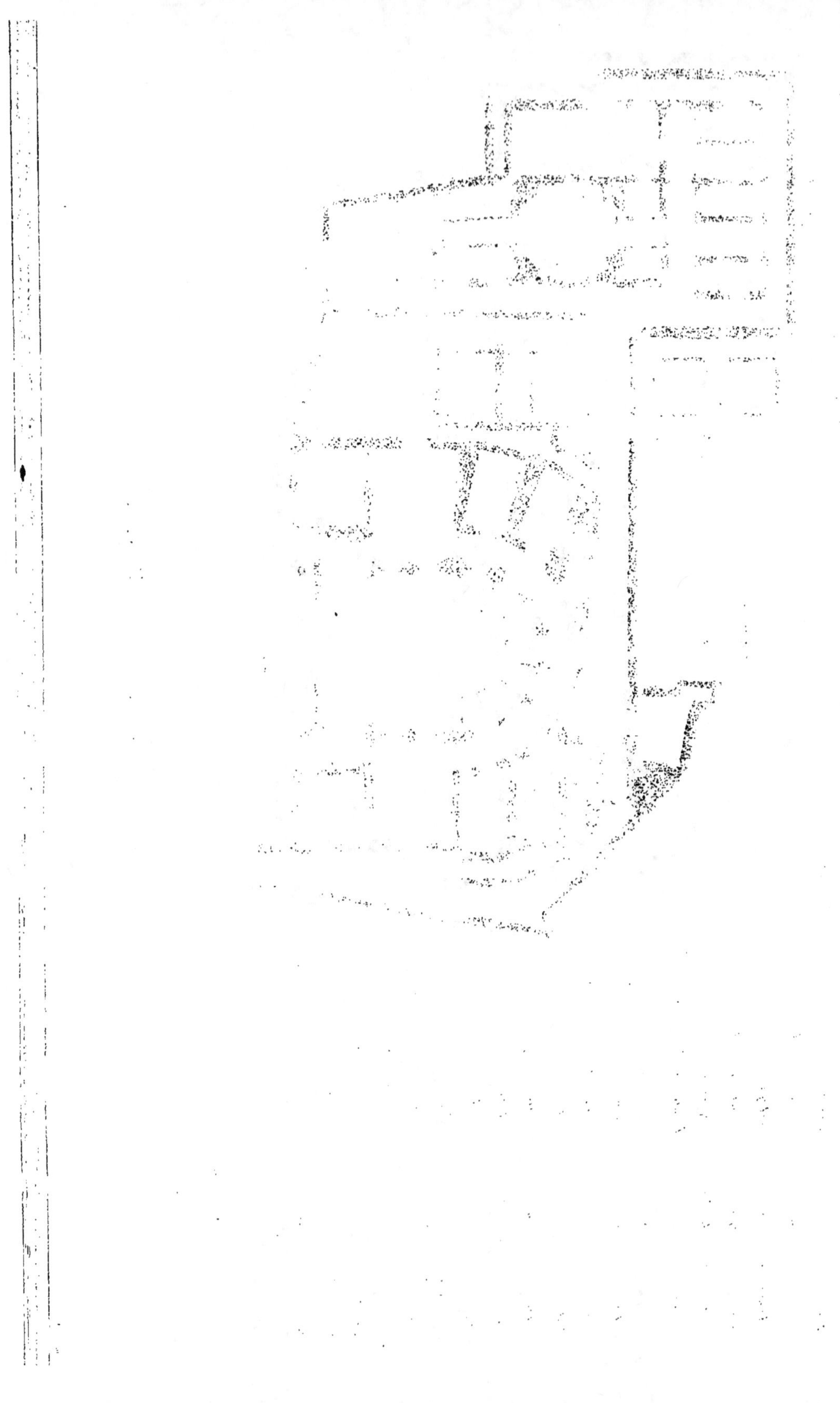

mencé en 1779 sur les dessins du comte de Robi-
lant, et terminé en 1784. Il vient d'y être fait d'importantes annexes. Les anciennes constructions
ont à peu près la forme d'un segment de cercle.
Dans le pourtour, règne une suite de cellu-
les, destinées soit aux bains d'immersion, soit
aux douches, ou aux étuves : les cabinets de droite
pour les femmes, ceux de gauche pour les hommes, et formant quatre divisions. L'eau recueillie
dans vingt-quatre tuyaux de plomb, d'un à deux
pouces de diamètre, est conduite dans les diver
ses parties de l'établissement pour y être employée
suivant les besoins des malades. On évalue à
12 hectolitres par minute le volume qui jaillit des
sources. Dans une des salles, on a amené, il y a
quelques années, à l'aide d'un tuyau, l'eau d'alun,
qui forme une douche de 25 pieds de hauteur.

Au centre du bâtiment est un bassin dont l'eau
se couvre de matières gélatineuses et de flocons
de soufre. Les parois en sont tapissées de cris-
taux sulfureux, et les bulles qui s'en dégagent
contiennent de l'azote.

Cet établissement est assez beau, mais il serait encore susceptible de grandes améliorations. Les plus
importantes qui aient été faites depuis quelques
années, sont dues au zèle du docteur Despine,
directeur adjoint des bains.

Chaque cabinet est muni de plusieurs ro-
binets, donnant l'eau d'alun, l'eau de soufre,
ou l'eau naturelle.

Il est curieux de voir le lieu où sont réunis
les divers instruments destinés aux douches,
pour en varier les jets, et en modifier l'application.

On distingue 10 espèces de douches.

Les bains comprennent les bains d'immersion et ceux de vapeur ou étuves.

On voit dans le jardin de la maison Fleury,
une petite source qui pourrait être utilisée, et qui
n'est qu'un filet détourné de la source d'eau
d'alun.

Le bassin d'Aix contient en outre des eaux
minérales froides.

Sur la route de Chambéry, dans le jardin Che-
villard, se trouve une source d'eau froide et
savonneuse, contenant des substances grasses
et bitumineuses.

A une petite lieue de la ville, en suivant la
route de Genève, sur le ruisseau de la Baie, la
fontaine de Saint-Simon donne une eau ferrugineuse, que l'on prescrit dans certains cas.
L'effet en est plus sûr, en allant le matin, à
pied, en boire quelques verres à la source même.
Ces eaux sont rafraîchissantes et toniques.

En voici l'analyse d'après M. Socquet.

15 livres d'eau ont donné :

Acide carbonique libre......4 grains.
Carbonate de chaux.........7
Muriate de chaux...........1 1/2
Sulfate de chaux...........1 1/2
Carbonate de fer...........2

Cette fontaine, dans un site agréable, a été restaurée par les soins du docteur Despine. Elle est ornée d'une pierre sur laquelle sont gravés ces mots : *A Hygie, déesse de la santé.*

Plusieurs petites sources de la même eau, qui sourdent dans les terrains environnants, font supposer un courant souterrain plus considérable qui les alimente.

CHAPITRE IV.

TRAITEMENT DES EAUX.

Que des raisons de santé, ou seulement le besoin de distractions vous aient conduit aux eaux,
avant d'en faire usage consultez les médecins du
lieu; leur spécialité, leur expérience rendant
leurs conseils précieux. Gardez-vous de croire
qu'on puisse suivre légèrement et sans précaution
le traitement des bains.

Les eaux s'administrent en boissons, en bains,

en douches ou en vapeur : il y a aussi des bains
de boue.

S'il vous est prescrit de boire seulement, et
que le mauvais temps vous empêche de sortir,
vous vous ferez apporter l'eau minérale dans une
bouteille bien fermée et enveloppée d'un mor-
ceau de laine. Mais il est bien préférable d'aller
le matin, à jeun, boire à la source. La quantité
qu'on peut prendre est d'une livre à quatre.
Les plus intrépides vont jusqu'à 15 verres par
jour. On boit également de l'eau de soufre et
de l'eau d'alun ; cependant, on prétend que cette
dernière passe mieux, ce qui lui fait donner la
préférence. On la coupe souvent, soit avec du lait
de vache, de chèvre ou d'ânesse, soit avec la décoc-
tion de quelques plantes ou quelques sels neutres.

On doit commencer par de petites doses, augmenter peu à peu, et finir de même le traitement,
en diminuant progressivement. Ceux qui agissent
autrement, dans le but d'abréger leur séjour aux
eaux, s'exposent à plusieurs accidents. L'excès
des meilleures choses est nuisible, et d'ailleurs
le bon effet des eaux ne se fait sentir souvent
que quelques mois après. Il faut attendre une
heure ou deux, après avoir bu, avant de déjeuner. Après un traitement de trois semaines à un
mois, il est ordonné de se reposer pendant une
huitaine de jours.

Pour les bains, ils se prenoient ordinairement dans les logements en ville. Comme il est bien préférable de se baigner à la source même, on a fait dernièrement, à cet égard, dans le Bâtiment royal, les dispositions nécessaires. Les bains se composent d'environ deux tiers d'eau d'alun et un tiers d'eau de soufre. Pour que leur température soit au degré convenable, un peu au-dessous de la chaleur du sang, 28° environ, on les prépare quelques heures d'avance. Nous l'avons déja vu, leur effet est dû autant à cette chaleur qu'à leurs principes minéralisateurs.

En général, on les prend le matin, et un seul par jour. On peut faire usage en même temps des bains et des boissons. Manger, étant dans le bain, n'est pas très-prudent, à moins qu'on n'éprouve quelque défaillance. On ne doit y entrer que 4 ou 5 heures après les repas, ne point s'y mettre lorsqu'on est en sueur, et couvrir l'eau d'un drap, pour se garantir de la vapeur. La durée du bain varie de 15 à 45 minutes. Il faut en sortir s'il survient un état d'anxiété ou des éblouissements. Se mettre au lit pendant quelques instants, est le meilleur moyen de bien sécher le corps. On doit ensuite éviter l'humidité, et se vêtir assez chaudement pour entretenir une légère transpiration, qui est très-avantageuse pendant le traitement des eaux.

Dans tous les logements on vous procure des baignoires, si vous ne préférez pas aller à l'établissement royal. Des porteurs attitrés disposent le bain. Les domestiques de la maison vous aident pour y entrer et en sortir : le tout pour une rétribution fixée ordinairement à 20 sous, que l'on donne au propriétaire, et qui sont partagés entre les porteurs et les domestiques.

Pour les douches, il faut nécessairement aller à l'établissement. Elles se prennent depuis 4 ou 5 heures du matin, jusqu'à 1 ou 2 heures après midi : il y a des salles communes où chacun attend que son tour soit venu. Là, point de préférence! point de privilége!.... tous les baigneurs sont égaux devant la douche. Les médecins qui y président, y mettent la plus louable sévérité. Il faut donc prendre un numéro pour son rang d'admission dans les vilains petits caveaux où elle s'administre. Là, le supplice commence.....

La douche est une colonne d'eau que l'on dirige avec une force déterminée sur une partie quelconque du corps, en la modifiant suivant les besoins du malade. Elle peut être générale, locale, ordinaire, mitigée, à grande chute, ascendante, verticale, latérale, etc.

Après s'être déshabillé, on s'assied sur un banc de bois ou de pierre, et deux doucheurs ou doucheuses, armés d'un tuyau de fer-blanc, appelé cornet, dirigent l'eau sur les parties du corps qu'on leur indique, en ayant soin de frotter, de masser, de frictionner dans tous les sens. Cette opération dure de 10 à 20 minutes et peut être prolongée pendant une heure.

La douche augmente l'action vitale de la partie sur laquelle elle frappe, en produisant l'effet d'un vésicatoire. Elle s'applique toujours à nu.

La douche mitigée convient aux personnes délicates.

La douche dite d'enfer est difficile à supporter par la température et la force du jet. L'eau tombe de 12 à 13 pieds, sous un volume considérable; elle tombe même de 27 pieds, dans la douche à grande chute.

La douche écossaise consiste à alterner l'eau chaude et l'eau froide.

Les doucheurs, perpétuellement exposés aux vapeurs chaudes, sont obligés de sortir fréquemment pour respirer l'air frais du dehors. Cependant leur santé n'en souffre pas.

Le bouillon est une cuve carrée, pleine d'eau, où l'on se plonge une ou deux fois.

Le bain de vapeur excite vivement la surface de la peau et détermine une sueur abondante. L'étuve est formée par un cabinet voûté et sans ouverture, dont le plancher seul est percé pour laisser passer la vapeur de l'eau de soufre qui coule par dessous. On y reste depuis une 1/2 heure jusqu'à 2 heures. Ce bain occasione souvent des étourdissements. C'est celui qui porte le nom d'*Enfer*.

La douche terminée, on vous enveloppe dans une énorme couverture de laine, les jambes étendues, les bras au corps, à peu de chose près comme un enfant au maillot, une serviette autour de la tête et couvrant la figure, de manière à vous laisser tout juste de quoi respirer. Ainsi empaqueté, deux porteurs viennent vous saisir, vous mettent dans une espèce de boîte portée sur deux brancards et fermée avec soin par d'épais rideaux, et vous ramènent à votre logement. C'est alors qu'il vous faut de la mémoire et une prononciation distincte ; car si vous ne désigniez pas exactement la maison où vous logez, si vos porteurs se trompaient, vous iriez faire visite à quelque inconnu, dans un accoutrement assez bizarre et peu d'accord sans doute avec vos habitudes d'amour-propre ou de décence.

Une fois arrivés dans votre chambre, les porteurs vous ressaisissent, vous déposent dans votre lit, ayant bien soin d'en serrer la couverture autour de votre cou, et vous adressent les mots consacrés de *bon repos, monsieur* ou *madame!* après quoi, ils s'en vont, et vous n'avez plus qu'à rester une bonne heure dans l'immobilité la plus complète et la plus forcée, sans autre soin que de dépenser une sueur tellement abondante qu'elle perce souvent l'énorme couverture qui vous enveloppe. Cette heure de patience écoulée, on s'habille, et l'on n'en est pas moins dispos pour les visites, les parties de promenade ou le bal du soir.

La variété des maladies et des tempéraments peut occasioner divers accidents qui nécessiteront les conseils des médecins. Il faudra peutêtre modifier le traitement ou même l'interrompre, recourir à la saignée ou aux sangsues. Souvent les eaux déterminent de grands maux de tête, une sorte d'ivresse, ou une éruption miliaire à la peau. Si la fièvre survient, loin d'être inquiétante, elle est assez fréquemment un symptôme de guérison ; et si la douleur qu'on veut calmer devient plus vive, c'est encore un indice de l'effet salutaire du bain.

On entend par une saison, l'usage des eaux pendant une vingtaine de jours. L'ouverture se fait dans le mois de mai, et la clôture a lieu vers la mi-novembre. On poursuit même le traitement en hiver.

Si l'on prend deux saisons, il est très-bon de les couper par quelques jours de repos, que l'on peut consacrer à quelques courses d'agrément vers les sites curieux qu'offre la contrée.

C'est pour faciliter ces excursions, que nous avons placé, à la fin de l'ouvrage, un itinéraire de la Savoie, et deux cartes, dont une topographique pour les environs d'Aix. La carte réduite indique les points plus éloignés sur lesquels on pourra se diriger, comme Genève, Chamonix, le Mont-Blanc, le Valais, la vallée d'Aoste ; on a à parcourir la partie méridionale de la Savoie ; on peut aller à Milan par le Simplon, et revenir par Turin et le Mont-Cenis.

Un voyage qui donne une idée complète des beautés sauvages de la Suisse et des sites les plus pittoresques des Alpes, est celui-ci : aller par Annecy et Salanche à Chamonix ; de là, gagner l'extrémité orientale du lac Léman par les défilés de la Tête Noire, et revenir par Genève et Rumilly.

Il était d'usage de se purger après le traitement. Cette coutume classique est maintenant presque abandonnée. Seulement, après le départ, il faut encore suivre un certain régime pendant quelque temps. L'action des eaux se prolonge souvent au-delà d'un mois.

Les médecins d'Aix sont MM. *Despine*, directeur des bains, *Vidal*, membre de l'administration, *Forestier*, *Dardel* et *Despine* fils, praticiens distingués, élèves de l'École de médecine de Paris, dignes en tout de la confiance des étrangers.

Le gouvernement sarde fait gérer cet établissement par un certain nombre de personnes choisies parmi les habitants. Ce conseil administratif se compose du syndic de la ville, du curé, du médecin directeur, de quatre notables et d'un caissier. Le nombre des employés est au moins de trente personnes. Le tarif des billets est fixé par l'Intendant général de la Savoie. Les recettes qui en proviennent, et les subventions du gouvernement fournissent aux dépenses annuelles, qui sont assez considérables.

Nous joignons ici le tarif autorisé en 1833.

Un réglement de police intérieure arrête toutes les mesures de comptabilité, d'ordre, de propreté, et celles relatives au service de bienfaisance.

TARIF DES BILLETS DE BAINS ET DOUCHES.

Bâtiment royal.

		f. c.
DIVISION DES PRINCES.	Douche sans doucheurs ni porteurs.......	1,15
	Douche, doucheurs et port.............	2,00
	Douche, doucheurs sans port..........	1,60
	Douche et port. sans doucheurs........	1,55

f. c.

DIVISION D'ENFER.	Douche sans doucheurs ni porteurs	0,65
	Douche, doucheurs et port.	1,50
	Douche, doucheurs sans port.	1,10
	Douches et port. sans doucheurs	1,05

—

DIVISION DES HOMMES.	Douche sans doucheurs ni porteurs	0,65
	Douche, doucheurs et port.	1,50
	Douche, doucheurs sans port.	1,10
	Douche et port. sans doucheurs	1,05
	Vapeur, douche et port.	2 »

—

DIVISION DES FEMMES. Les prix sont les mêmes que pour les hommes.

—

BAINS TEMPÉRÉS.	Bain sans linge	1 »
	Id. avec linge	1,25
	Bain, porteurs et linge	1,65
	Bain et porteurs sans linge	1,40

—

Bains Charles-Albert.

—

VAPEUR.	Vapeur sans doucheur et sans port	1 »
	Vapeur et port	1,40
	Vapeur, doucheurs et port.	1,85

—

PISCINE.	Piscine et natation sans doucheurs ni port.	1 »
	Piscine, natation et port.	1,40
	Piscine, natation, douche et port.	1,85

—

f. c.

DOUCHES.
- Douches, doucheurs et port............... 1,80
- Douche, doucheurs sans port........... 1,40
- Douche et port. sans doucheurs........ 1,35
- Douche sans doucheurs ni port......... 0,95

—

BOUES.
- Bain de boue et lotion locale............ 1 »
- Bain de boue et lotion générale, ou bain... 1,80
- Bain de boue, lotion générale et port..... 1,90

—

Douche ascendante..................... 0,25

—

Thermes Bertholet.

—

Vapeur locale sans port................ 1,00
Id.   Id.   avec port................ 1,40
Id.   générale sans port............. 1 »
Id.   Id.   et port................... 1,40

—

Grand Bassin.

—

Bain sans port........................ 0,60
Id. avec port......................... 1,00

—

Pour les chevaux.

—

Douche et bain....................... 0,25

—

SERVICE DE BIENFAISANCE.
- Douche, doucheurs et port............. 0,85
- Douche, doucheurs sans port........... 0,45
- Douche et port. sans doucheurs........ 0,40

A LA DIVISION DES PRINCES.
- Douche sans doucheurs ni port......... 0,50
- Douche ordinaire sans doucheurs ni port.. gratis.

—

f. c.

DOUCHES INSOLITES. Douche insolite de jour, avec douche et port............................... 2 »

Id. de nuit, avec doucheurs sans port........................... 3 »

Douche écossaise...................... 2,00

CHAPITRE V.

DESCRIPTION TOPOGRAPHIQUE, HISTORIQUE ET STATISTIQUE D'AIX.

La vallée d'Aix est comprise entre deux chaînes de montagnes, qui s'étendent du nord au midi : l'une, appelée successivement montagne de Méry, de Clarafond, de Trévignin, de Mouxi, de Grand-Revard, et de Nivolet, commence près d'Annecy et se termine au-dessus de Chambéry par la dent de Nivolet ; l'autre, sous les noms de montagnes de la Grotte, d'Aiguebelle, de Bissy, de la Motte, de l'Épine, du mont du Chat, d'Hautecombe et de Chanaz, s'élève depuis les Échelles jusqu'au Rhône. Entre ces deux chaînes et dans la même direction, une troisième s'étend de Saint-Innocent à Seyssel, en prenant les noms de Saint-Germain et de la Chambaute. La colline de Tresserve s'élève encore au milieu de la vallée, dans le même sens et sur les bords d'un lac ravissant.

Ce sont des chaînes secondaires des Alpes, formées uniquement de terrain calcaire.

Tout porte à croire qu'anciennement, avant les grandes convulsions dont cette terre offre les traces, toute la partie entre le Rhône et l'Isère était submergée, et que, de ce vaste canal, il ne reste plus que le lac du Bourget. Celui-ci devait s'étendre par-delà Chambéry et couvrir les marais de la Chautagne; c'est ce qui a fait dire qu'un anneau de fer qu'on voit scellé dans le rocher de Cules, à une grande hauteur au-dessus du lac, servait à amarrer les bateaux. Les bonnes femmes le nomment l'Anneau du déluge. Il serait possible que le mont du Chat ne fût que le prolongement des montagnes de l'Ain et du Jura, et que le Rhône n'eût creusé son lit actuel qu'après la rupture de cette chaîne primitive.

La ville d'Aix-les-bains est située sur le penchant d'une colline, au bas de la montagne de Mouxi, à 130 toises au-dessus du niveau de la mer, et à 16 au-dessus du lac du Bourget. Elle est traversée par un ruisseau qui vient de la montagne, et dans lequel se jette l'excédant des sources thermales. Sa population est d'environ 3,000 ames. On y vante la salubrité de l'air; cependant la basse classe est chétive, et n'annonce pas une forte constitution : son extrême saleté y est peut-être pour beaucoup.

Le bassin d'Aix étant très-accidenté, présente une culture variée; il admet les plantes alpines comme celles du midi.

Les variations de l'atmosphère sont fréquentes et subites. L'élévation moyenne du baromètre est de 27 pouces ; le terme moyen de la chaleur 18°, celui du froid 7°. Les pluies d'été sont presque toujours accompagnées de tonnerre ; mais alors l'air n'y est pas lourd comme il arrive communément dans les temps d'orage.

Les vents changent beaucoup. Le plus fréquent est celui de l'ouest, qui passe par-dessus le mont du Chat : on l'appelle vent de la traverse; il est doux et humide. Le vent du nord, qui vient du côté du lac, est froid, sec et très-sain. Celui du sud, venant de Chambéry, souffle rarement; mais on le dit nuisible aux plantes et aux animaux, comme à l'homme.

Les mois d'avril, mai et juin sont ordinairement pluvieux; pendant juillet et août règnent

LA COUR DU CERCLE.

les grandes chaleurs, qui s'élèvent parfois jusqu'à 30° cent. Le plus beau temps de l'année est l'automne jusqu'à novembre.

Les habitants d'Aix portaient sous les Romains le nom *d'Aquenses*. Il est probable que la ville était un peu plus haut vers la montagne, et qu'un vaste établissement thermal occupait une partie du terrain où sont les habitations actuelles. On en trouve des restes dans plusieurs jardins attenants à l'enclos du marquis d'Aix, où est maintenant le Cercle, et surtout dans les caves de la maison Perrier.

Là était le réservoir du *Vaporarium*. Une première pièce présente plusieurs rangées de colonnes en briques supportant une voûte également en briques; l'autre salle n'a de piliers que dans son pourtour. Ces colonnes, hautes de trois pieds, recouvertes de trois couches de ciment d'une extrême solidité, soutenaient sans doute les chambres destinées à la vapeur, dites *Sudatoria*. On voit encore quelques-uns des tuyaux par où montait la vapeur, et une baignoire revêtue de marbre. Sur quelques briques détachées, on a lu le nom *Clarianus*. Dans les fouilles qui ont été faites en cet endroit, sous le réservoir du Bain royal, lorsqu'on l'a réparé en 1825; plus anciennement, à la maison Ivroud, et sur d'autres points environnants,

on a trouvé des vases, des médailles, un cadran
solaire, des fragments de colonnes et de statues,
des plaques de marbre de diverses espèces, et des
ossements humains, même quelques squelettes
entiers.

Le portique, auquel on donne le nom d'*Arc de
Campanus*, et qu'on voit dans la cour de la maison Magnin, était sans doute l'entrée principale. Ce portique, dont la base est maintenant
recouverte de terre, avait douze mètres de hauteur sur six de largeur. On a beaucoup varié sur
sa destination primitive. Il portait plusieurs inscriptions, dont la plus apparente offre ces mots :
L. Pompeius Campanus vivs fecit. Peut-être
était-ce un monument élevé, en reconnaissance des
effets salutaires des eaux, par une famille romaine :
ce que rendraient probable les quatorze ou
quinze noms propres dont on trouve des traces
sur l'attique et au-dessous de petites niches pra-
tiquées dans la frise.

Il y avait, non loin de là, un temple qu'on
croit avoir été consacré à Vénus, ou plutôt à
Diane, et dont est formée l'aile du château où se
trouve actuellement le théâtre. La salle qui sert
de cabinet de lecture est appuyée sur un pan de
mur évidemment de construction romaine. Aussi
a-t-on cru devoir l'honorer de cette inscription
qu'on y lit en grosses lettres :

L'ART DE CAMPAGAS

Des maîtres de la terre
Monument respecté.

Dans le moyen âge, l'histoire d'Aix n'offre rien de remarquable, et même ses eaux furent long-temps abandonnées. Jusqu'à la fin du dix-huitième siècle, la naïade du lieu n'avait d'autre temple qu'une grotte rustique dont s'approchaient seuls les paysans des environs. C'est en 1779 que le roi Victor Amédée III vit tout le bien qu'il pourrait faire à l'humanité en utilisant ces sources précieuses, et leur consacrant un établissement particulier.

Le pays d'Aix formait anciennement la première baronnie du duché de Savoie.

Sous les rapports biographiques, il ne faut pas oublier Claude de Seyssel, né à Aix à la fin du quatorzième siècle, conseiller de Louis XII, archevêque de Marseille, député au concile de Latran, habile diplomate et d'une grande érudition, fondateur de la collégiale d'Aix.

Et, parmi les contemporains, le général comte Mouxi de Loche, membre de plusieurs sociétés savantes.

La ville offre peu de ressources, quoique, pendant la saison des eaux, la quantité d'étrangers qui y arrive, lui donne un aspect très-animé. On

en porte le nombre, terme moyen, à près de 3ooo,
qui se renouvellent journellement; de sorte qu'il
s'en trouve rarement plus de 1,000 ou 1,200 à la
fois. On tient une liste exacte de tous les arri-
vants, et cette liste est imprimée à des époques
assez rapprochées; elle indique, avec le nom des
étrangers, leur qualité, leur patrie et le logement
qu'ils occupent.

Ce séjour est donc très-brillant pendant deux
à trois mois; mais, sous sa parure d'emprunt, on
devine combien le pays doit être triste lorsque
cette population flottante n'y est plus. On y
trouve de quoi satisfaire facilement et à bon marché aux premiers besoins de la vie; mais, pour tout
ce qui sort des premières nécessités, il faut aller à
Chambéry. L'article le plus dispendieux est celui
des logements. Toutes les maisons de la ville
cependant sont disposées pour recevoir les étrangers : c'est la grande spéculation du pays.
On compte onze hôtels garnis tenant table
d'hôte; neuf maisons bourgeoises tenant pension; cinquante-quatre logements particuliers, et
quelques chambres à prix fixe pour les pauvres.

Les prix de ces logements varient nécessairement beaucoup, en raison du nombre de pièces,
de leur genre d'ameublement, et de leur position. Ceux qui ont dans leur dépendance un jardin, et qui sont près de l'établissement des bains,

sont les plus recherchés *. Ainsi un appartement de cinq à six pièces, avec salon, cuisine, écurie, remise, coûterait de 25 à 35 fr. par jour. On en trouve d'autres dans les prix de 10 à 20 fr. Les chambres garnies sont de 2 à 3 fr. dans les hôtels ou maisons bourgeoises tenant pension. Le prix ordinaire pour la nourriture et le logement est de 6 à 7 fr. par personne.

Il est sans doute plus sûr de retenir un appartement d'avance; mais si on ne l'a pas fait, on peut toujours se caser, au moins provisoirement, dans les auberges ou hôtels garnis, et ensuite trouver un gîte plus ou moins à sa guise: il est rare qu'il n'en reste pas de disponible.

LISTE DES AUBERGES AYANT TABLE D'HÔTE.

L'hôtel de la Poste, sur la place, chez Guilland. Deux beaux hôtels avec jardins.
Le Lion d'or, sur la route de Genève, chez Vénat, avec jardin.
Aux trois Rois, chez Dardel.
L'hôtel de la Ve Perret.
L'hôtel Prunier.
L'hôtel Gaillard.

* Les personnes qui doivent prendre les douches, tiennent à se rapprocher du Bâtiment royal ; cependant, les porteurs vous transportent à quelque distance que ce soit.

LISTE DES MAISONS BOURGEOISES TENANT PENSION, AYANT
PRESQUE TOUTES ÉCURIE ET REMISE.

La Maison Magnin, tenue par Mme Charpentier. Tout y est
très-soigné................................ 10 fr. par jour.
     Perrier Chabert............. 7 fr.
     Ve Excoffier.................. 6
     Ve Lacroix................. 6

Plusieurs pensions, où l'on est très-bien, depuis 3 f. 50 c.
jusqu'à 5 f. 50 ; telles que les maisons Dussuel, Davat, Rabut,
demoiselle Roissard, Boquin, Bossut, Folliet, Gache, etc.

LISTE DES PRINCIPAUX LOGEMENTS GARNIS.

Maison Chevaley, tout au haut de la ville, dans une belle
position. Pavillon entier, beau jardin, écurie, remise.
     Duverney........ Jardin, écurie, remise.
     Roissard aîné....... *Id.* maison entière.
     Degallion Joseph ... *Id.*
     Vidal, docteur...... *Id.*
     De Martinel....... *Id.*
     Dronchat frères..... *Id.*
     Bovagnet.......... *Id.*
     Perret, naturaliste.. *Id.*
     Ve Roissard, hors
      ville........... *Id.*
     Ve Bimet, hors ville.. *Id.*
     Berthier, hors ville... *Id.* écurie, remise.

Doménget, Louis.—Domenget, négociant.—Bolliet-Mi-
chand.—Vidal, François.—Forestier, notaire.—Forestier,
docteur.—Ginet.—Ve Vignet.—Ve Degallion.—Degallion.

Gaëtan.—Duverney Je.—Vᵉ Dardel.—Gaillard, J.-B.—
Vᵉ Mermoz.—Depine, docteur.—Demoiselle Landos.—
Vᵉ Rogès.—Rebaudet, notaire.—Helme.—Vᵉ Gay.—Davat,
Gaspard.—eDmoiselle Perret.—Chapot.—Lacroix Jᵉ.—Co-
chet, officier.—Cochet, négociant.—Grosbert, J. F.—De-
moiselle Ailloud.—Montjean, etc.

L'hôtel Guilland, sur la place, par sa bonne-
tenue, sa table bien servie, et tout son *comfortable*,
ne le cède point aux hôtels des plus grandes villes.
On y est très-bien pour 7 fr. par jour.

Les aubergistes et les teneurs de pension nour
rissent aussi à domicile. Les étrangers peuvent
encore tenir leur ménage en prenant une cuisi-
nière du pays; ce qui se fait assez facilement et
avec quelque économie.

Pour les chevaux, il y a très-peu d'écuries particulières. Dans les auberges, ils reviennent environ à 3 fr. par jour.

Une personne seule peut séjourner un mois
à Aix sans dépenser plus de 300 fr., y compris le traitement : à quoi il faut ajouter les frais
du voyage, qui varient nécessairement selon la distance. Pour Paris, ils sont de 250 fr. environ, en
allant par les messageries ou voitures publiques.

On trouve à Aix un cabinet de lecture très-
bien monté, tenu par un libraire de Chambéry,
qui vient tous les ans pendant la saison des eaux.
Il fait venir de Paris la majeure partie des nou-
veautés littéraires.

La proximité de Genève et de Chambéry fait que tous les jours, et même plusieurs fois par jour, il y a correspondance d'Aix avec ces deux villes, par la voie des courriers, des messageries ou des occasions.

Il y a dans la ville un hospice que l'on doit à la générosité d'un Anglais, qui a fourni les premiers fonds. Il se compose d'une douzaine de lits; il est desservi par des sœurs.

Il nous reste à parler du Cercle, le *casino* des eaux. Il est dans l'ancien château des marquis d'Aix, noble famille qui, depuis longtemps, habite le Piémont. Un enclos d'environ 30 arpents est tout ce qui reste des anciennes dépendances, qui s'étendaient jadis jusqu'à la montagne du Grand-Revard. Sur la porte d'entrée qui fermait la cour du château, on a placé une pierre trouvée dans les décombres, présentant des armoiries où figurent une mitre et une crosse, avec le millésime 1510. Ces armoiries appartenaient à la maison de Seyssel d'Aix.

Le Cercle est ouvert tous les jours, depuis le matin jusqu'au soir; c'est le point de réunion, le centre de société de tous les baigneurs et baigneuses. Là se rencontrent, s'observent, se lient, souvent pour ne plus se revoir au bout de six semaines, l'habitant des bords de la Tamise et celui des rives du Tibre, du Danube ou de la Seine. Souvent aussi les rencontres qui s'y font ont un avenir qui leur donne plus de piquant et de charme.... Que d'intimités, d'amitiés de toute la vie qui datent des eaux!... on s'y connaît si vite et si bien!... Les étrangers qui fréquentent le plus les bains d'Aix, sont des Russes, des Allemands, des Anglais, des Italiens, des Français, et parmi ceux-ci les habitants de Lyon.

On trouve au Cercle une jolie promenade, un salon de lecture avec les journaux, un café, un billard, deux salles de réception où l'on danse, et dans l'une desquelles est un piano. Chaque soir il y a bal, et quelquefois concert. Le prix de l'abonnement est de 20 fr. pour les hommes et 10 pour les femmes *; le nombre des abonnés est communément de 600 chaque année.

Quelquefois on a spectacle dans une petite salle assez laide attenante au Cercle, dans l'enceinte même du temple romain.

Les habitants d'Aix sont doux et affables. On vante avec raison leur probité.

---

* Un père et son fils paient............. 30 f.
Chaque fils en sus.................. 5
Une mère et sa fille non mariée........ 15
Chaque fille en sus................. 4
Les enfants au-dessous de 10 ans ne paient pas.

Il s'y fait un commerce assez considérable de vins et de bestiaux, par le lac et le Rhône.

L'aspect des lieux environnants est très-pittoresque ; les lignes des montagnes, qui, tout alentour, se découpent sur le ciel et ne laissent sur aucun point apercevoir l'horizon, sont très-gracieuses ; cependant l'œil est fatigué de l'uniformité et de la constante aridité de ces longues pentes rocailleuses, desséchées, où la verdure perce à peine. Ce ne sont pas les flancs boisés, les versants ombreux et verdoyants des Pyrénées !.... ici, les gorges seules et les vallées offrent une belle végétation.

Les routes de Genève et de Chambéry sont agréables à parcourir. Une troisième, très-fréquentée, est celle qui conduit au lac par une jolie allée de peupliers, au nord-ouest de la ville. Cette avenue, qui a près d'une lieue de long, après avoir traversé le torrent du Sierroz, aboutit sur le lac au grand port. La promenade dite *du Gigot* est à l'angle de cette allée avec la route de Genève.

Pour bien jouir des beaux sites que le pays peut offrir, il faut étendre ses excursions dans un rayon de trois à six lieues.

Au-dessus de la ville, à l'est, en sortant par la porte de Mouxi, porte gothique qui faisait partie de l'ancienne enceinte, et suivant un chemin à

VUE GÉNÉRALE D'AIX.

gauche vers la montagne, après une demi-heure
de marche, on parvient au village portant également le nom de Mouxi, d'où la vue est fort belle.
C'est de là que sont amenées, par des canaux
souterrains, les eaux naturelles pour les besoins
des habitants. On y découvre les traces d'une voie
romaine qui allait de Chambéry à Annecy. Si l'on
prend au contraire le chemin à droite, qui se
dirige vers un joli bois de châtaigniers, nommé
Bois du docteur Vidal, on arrive à un énorme rocher, dit *Roche du Roi*, d'où l'on extrait les plus
belles pierres du pays. C'est de ce point que
l'œil peut le mieux embrasser la vue générale
d'Aix, de son riche bassin, du lac et des montagnes qui l'entourent.

CHAPITRE VI.

LA VACHERIE DU MONT DU CHAT.

Nous l'avons déja dit, l'exercice, la distraction, l'air des montagnes, entrent pour beaucoup dans le régime des eaux. Hâtons-nous donc d'indiquer aux baigneurs les points les plus intéressants qu'ils ont à visiter, et qui doivent être le but de leurs promenades. Aux eaux, rien de plus facile que d'organiser une partie et de se mettre en course... On ne manque jamais d'un habitué qui dirige.... et tout le monde est bientôt prêt.

Nous irons, pour commencer, déjeuner à une vacherie située sur le mont du Chat. Il sera bon de partir de bonne heure, car il faut au moins quatre heures pour y arriver. Notre habitué n'aura pas manqué, la veille, d'interroger le coucher du soleil, de retenir les ânes ainsi que les bateaux, de préparer les vivres, toutes choses qui le regardent exclusivement. A la vacherie, nous trouverons de bon lait, mais voilà tout.

Enfin l'on part; on suit la belle avenue de peupliers; on traverse le lac; on débarque à BORDEAU, vieux castel dont nous parlerons plus tard, et le reste du chemin se fait en grimpant, soit à pied, soit à âne. On trouve à mi-côte la route de France, terminée depuis quelques années seulement, et pour laquelle on a suivi, dit-on, le tracé d'une ancienne voie romaine. Cette route est superbe, et a demandé de grands travaux.

Quelques auteurs ont écrit que ce fut par là qu'Annibal, venant des Gaules, pénétra en Italie, et que, pour faire franchir à son armée ces hauteurs inaccessibles, il fit sauter d'énormes fragments de rochers avec du vinaigre porté à l'état de vapeur. Nous ne prétendons point garantir ce fait, ni même le passage d'Annibal en ce lieu : tout cela pourrait donner sujet à de très-longues et savantes dissertations qui ne sont pas de notre ressort. M. Albanis-Beaumont croit que ce fut par le détroit de SAINT-SATURNIN près Chambéry que passèrent les troupes carthaginoises.

La Vacherie, bien qu'à une grande distance du sommet de la montagne, est assez élevée pour permettre d'embrasser sur la terre de France un horizon très-vaste. LYON, BOURG, MACON, CHALONS, LONS-LE-SAULNIER s'y trouvent compris ; le Rhône, l'Ain, la Saône en sillonnent l'étendue ; la droite est fermée par les montagnes du Jura. L'œil se repose avec plaisir sur les plaines si riches, si variées, du Bugey et de la Bresse.

Le mont du Chat a toute la sécheresse et l'aridité des Hautes-Alpes et des chaînes qui en dépendent. On y trouve çà et là quelques bouquets de bois et quelques parcelles de terre végétale ; un gazon rare et chétif couvre à peine le sol calcaire dont la montagne est formée. Il ne faut pas s'attendre à y voir de jolis accidents de terrain. En partant de la Vacherie, on arrive en moins de deux heures, par un chemin assez dangereux, à la tant célèbre Dent du Chat. On n'y parvient qu'en suivant la crête de la montagne, dont l'arête est si vive, qu'on l'a souvent comparée à la croupe d'un énorme poisson.

A droite et à gauche, l'œil glisse sur un plan
rapide qui semble sans fin , et ne plus se lier à
la vallée dont les détails se perdent dans la distance. Peu de femmes se sont hasardées dans
cette seconde partie de l'expédition. La Dent du
Chat est à 1,600 mètres au-dessus du niveau de
la mer. Elle sert de baromètre aux habitants
d'Aix : pour tout ce qui tient aux variations de
l'atmosphère, c'est la Dent du Chat que l'on
consulte.

Ce rocher est le point culminant des hauteurs
environnantes : on y découvre près de trente
chaînes des Alpes, et les côtes de la Méditerranée, par un temps clair. C'est aussi le point de
repère de tous les baigneurs qui s'aventurent à
une certaine distance d'Aix. Que de fois sa sil-
houette grimacière a ranimé les forces du promeneur fatigué ! *Allons, monsieur,* disent les
âniers, *du courage ! nous approchons ! Voyez
la Dent du Chat !.. Allons, madame, fouettez la
biche ! Hue ! la bonne femme !... Aix n'est pas
loin !... Voilà la Dent du Chat !...*

Cette sommité, où percent seulement quelques
pins et quelques chênes verts, appartient à une
dame française, ancienne lectrice de l'impératrice
Joséphine, maintenant retirée sur les bords du lac
de Constance : on dit qu'elle l'a achetée, il y a
peu d'années, pour une somme de vingt-cinq

mille francs. Les abords de sa propriété ne sont pas très-faciles. Dernièrement, quelques jeunes gens, par mégarde sans doute, y mirent le feu, et furent condamnés à une amende assez forte, quoique bien réduite sur l'estimation première.

CHAPITRE VII.

LE LAC DU BOURGET.

Nous avons déja fait connaissance avec le lac
du Bourget, mais il est bien digne d'une dé-
scription toute particulière. C'est le but où le
point de départ de presque toutes les parties.
Chaque jour on le voit sillonné, dans tous les
sens, par les vilains petits bateaux que l'industrie du pays a jusqu'à présent négligé d'amélio-
rer et d'embellir. Ce sont des batelets tout plats,

sans voiles, montés de trois rameurs, recouverts d'une toile posée sur des cerceaux, comme celles qui abritent les charrettes qui vont au marché. Ils vous conduisent où vous voulez pour un prix modique, qui varie en raison de la course. On en trouve presque toujours au grand Port.

Il faut près de trois quarts d'heure pour aller d'Aix au lac, en suivant la belle avenue de peupliers dont nous avons déja parlé. La plaine est fertile, parsemée de jolis bouquets de bois et de vergers, et ornée d'une manière pittoresque par les ceps de vigne relevés sur les arbres : ce qu'on appelle des *hautins*.

On arrive au grand Port, nommé aussi le port de Puer, où se trouvent une auberge et un entrepôt pour les marchandises venant de France, ou devant y aller par le lac et le Rhône. Pour faciliter les chargements, on a construit une digue en pierres qui s'avance dans le lac sur une longueur de 5o mètres. C'est autour de cette digue que stationnent les bateaux. A quelques portées de fusil, sur la gauche, on en trouve encore à l'endroit nommé le petit Port.

Si la surface du lac est unie, le ciel pur et l'onde d'un bleu aérien, embarquez-vous sans crainte ; mais si le vent du nord soulève les vagues, si le temps est orageux, remettez la partie :

LE PORT DE PUER

LE PORT DE FUER

ce beau lac a ses tempêtes; on y compte quelques naufrages.

D'autres fois, nous descendrons sur les points de ses rives qui présentent des sites dignes d'être visités; nous nous bornerons, en ce moment, à côtoyer les bords, et à signaler les endroits les plus curieux... Quels tableaux riches et variés!.. cette nappe azurée!.. ces lointains vaporeux!... les profils gracieux des montagnes! les accidents du rocher!.. que de détails intéressants! quel ensemble admirable!...

On n'en connaît pas bien la profondeur, que les habitants disent immense; mais une sonde jetée au pied de Bordeau n'a pas donné plus de 80 mètres. Sa belle couleur bleue, qu'on retrouve dans plusieurs lacs de la Suisse, n'est pas très-bien expliquée, quoiqu'on veuille l'attribuer communément à la limpidité des eaux, à leur volume et à leur encaissement au milieu des montagnes, ainsi qu'au reflet du ciel. Le lac a 4 lieues de long sur une de large, s'étendant du sud-est au nord-ouest, et resserré entre la montagne de Saint-Germain et le mont du Chat. Il faut une heure pour le traverser, et près de quatre pour le parcourir dans toute sa longueur. Il est à 228 mètres au-dessus du niveau de la mer. On y compte jusqu'à trente espèces différentes de poissons. Les plus prisés par les gastronomes sont la truite, le brochet, l'ombre-chevalier, le lavaret qui lui est particulier, la perche, l'anguille, la carpe, la tanche.

Il a porté successivement le nom de lac *de Châtillon*, *d'Hautecombe*, *du Bourget.* Ce dernier est le plus généralement adopté.

Au nord-est, à peu de distance du port, commence à s'élever la montagne de SAINT-GERMAIN. Sur une des premières collines est le village de *Saint-Innocent*. Nous nous en occuperons plus particulièrement dans une de nos prochaines excursions. Remarquons cependant la transition si brusque dans le sol et l'aspect du terrain. Ici le coteau s'offre vert et fertile, mais plus loin la montagne est sèche, aride, dépouillée.... Quelques toits rustiques s'aperçoivent, groupés au pied même du rocher. C'est le hameau de *Brison*. Ceux qui l'habitent cultivent toutes les parcelles de terre enclavées dans la roche; ils y récoltent des fruits, du vin, des châtaignes renommées qu'ils vont vendre à Aix; ils se nourrissent la plus grande partie de l'année du produit journalier de leur pêche. Isolés, presque inconnus, ils vivent là comme en dehors de la grande famille humaine; le lac est leur seul moyen de communication. Il y a bien un sentier dans la montagne, mais il n'est pas même praticable pour des bêtes de somme.

LE LAC DU BOURGET

[illegible]

Lith. rue Richelieu 98
LE LAC DU BOURGET

La montagne est très-escarpée du côté du lac ; le revers opposé est plus adouci : on y trouve plusieurs grottes, quelques-unes assez spacieuses. Sur la crête, au milieu des vapeurs, on aperçoit la tour de *Cessens*, phare élevé, d'où l'œil embrasse le lac dans toute son étendue, le cours du Rhône, le bassin de VALROMEY et celui d'ANNECY.

Non loin de là, le rocher, coupé verticalement jusqu'à moitié de sa base, ouvre un étroit passage. C'est *le trou de Saint-Germain*, que nous irons voir de plus près et par terre. De cette brisure part un sentier, suspendu sur le lac, taillé dans le flanc du rocher, et aboutissant à la plaine qui s'étend au nord, qu'on nomme la CHAUTAGNE.

Au milieu, vous voyez ce monticule, dont le pied est baigné par les eaux, et que couronnent une tour et l'enceinte en ruine d'un vieux manoir. C'est le château de *Châtillon*, autrefois important et figurant dans l'histoire du pays, maintenant presqu'entièrement détruit. Le dessinateur doit y aller ; il y trouvera de quoi grossir son portefeuille.

Un peu plus loin à gauche, le lac verse ses eaux dans un canal naturel qui les conduit au Rhône ; il se nomme canal de *Savière* ; il est navigable et rejoint le fleuve près de CHANAZ.

Mais arrêtons nos regards sur le fond de paysage que nous offrent ici les sommets brillamment colorés des montagnes du Jura, dont la plus élevée est le Colombier, plus haute que le mont du Chat... Quels feux!... quel éclat!... quelle harmonie!... Brise tes palettes, toi dont l'art est impuissant pour imiter cette scène magique!.... Le soleil couchant y produit des effets admirables, et plus merveilleux encore par la mobilité du tableau. Toutes les richesses du rayon solaire y sont étalées tour à tour; par une gradation insensible et prompte, tous les tons, toutes les nuances, de l'azur, du feu, du pourpre, du violet, se mêlent, se séparent, s'unissent, se fondent, pour faire place au noir qui vient ensuite détacher vigoureusement le profil des montagnes sur le fond vaporeux de ce ciel encore plein de chaleur....

Que de fois ce brillant spectacle a ravi nos regards! a porté dans nos cœurs un sentiment de surprise et d'admiration!... On ne se lasse point de contempler les beautés de la nature... en elles existe un charme toujours nouveau, toujours indéfinissable; elles ne fatiguent point comme tout ce que l'art, dans nos cités, invente pour éblouir et fasciner les yeux. Dans leur majestueuse simplicité, tout démontre, tout révèle une main puissante et divine....

Lith rue Richelieu 92.
de C.
BORDEAU.

Le mont du Chat, qui domine le lac sur sa rive occidentale, nous offre d'autres sites non moins intéressants. Au milieu de ces châtaigniers touffus, s'élève un vaste bâtiment. Voyez-vous se refléter dans les eaux le vieux clocher du monastère, et sa jeune tour, octogone, blanche, coquette, percée de nombreuses ogives? C'est l'antique abbaye *d'Hautecombe*. Nous viendrons bientôt l'examiner en détail. Observons seulement en ce moment l'heureux effet, dans le paysage, de cette fabrique isolée, le contraste de cette partie boisée et fertile avec le mont sec et dentelé qui la domine... Le couvent d'Hautecombe s'aperçoit de presque tous les points du lac et de ses rives.

Plus loin, est un vieux castel, dans un massif épais et noir, sur un rocher moussu, en saillie sur le lac. C'est *Bordeau*, dont les murs à demi détruits et cachés sous le lierre séculaire, sont, dit-on, élevés sur d'autres ruines bien plus anciennes... Ainsi est réglé le monde! Aux générations qui s'éteignent, succèdent des générations nouvelles; de la feuille qui tombe, doit partir une autre feuille... Le mouvement est partout... l'univers lui doit sa durée, sa stabilité.

En abaissant nos regards au sud-est, nous voyons s'ouvrir la vallée de Chambéry. A une petite distance sur la droite est le village du *Bourget*, traversé par la route de France. On y a trouvé beaucoup d'antiquités; il est cité dans l'histoire romaine sous le nom de *Labisco*. Il a un petit port sur le lac. Au centre de la vallée est l'antique château du BOURGET, dont les ruines sont masquées par les aunes et les ormeaux qui croissent alentour.

Le fond de la vallée est fermé par des monts neigeux qui se confondent avec les nuages. Là, sont les pics glacés du Dauphiné, la montagne de Granier, celles de Montagnole et de Saint-Thibaud de Couz. Ces trois sommets sont parfaitement distincts.... Là, est la *grande Chartreuse*, et son désert romantique. Ces teintes pâles et froides, ces lointains chargés de vapeurs humides, contrastent admirablement avec ceux qui leur sont opposés, si brillants, si étincelants de feux et de lumière. Il y a dans ces deux fonds de tableaux des trésors inépuisables et désespérants pour l'artiste qui viendra les étudier.

La colline qui s'élève à l'est, sur les bords du lac, est celle de *Tresserve*. Elle s'étend depuis *Bonport* jusqu'à la Maison du Diable. Les récits merveilleux qui se rattachent à cette maison, et la description de ce riant coteau, trouveront place dans un autre chapitre.

Nous voici revenus au point où nous nous

sommes embarqués. Cette promenade sur l'eau
a tout ce qu'il faut pour plaire et intéresser…
vous la recommencerez sans doute plus d'une
fois. Mais ne négligez pas de venir, un soir, sur
le lac, contempler l'effet d'un beau clair de
lune ; la scène ne sera plus la même, mais elle
aura bien ses beautés.

CHAPITRE VIII.

LA CASCADE ET LA TOUR DE GRÉZY; LA TOUR DE SAINT-SIMON.

Si vous aimez le sombre, le caverneux; s'ils ont pour vous quelque attrait, ces sites sauvages, ces lieux effrayants, dont l'aspect refoule le sang au cœur et donne au cerveau des vertiges, venez avec nous visiter la cascade de Grézy, à une lieue d'Aix, sur la route de Genève. Un affreux précipice, des roches amoncelées et sans ordre, une onde furieuse qui jaillit de tous côtés et

LA CASCADE DE CRESY.

s'engouffre sous les rocs, avec un bruit épouvantable; un petit pont sans parapet, le précipice couronné par des moulins suspendus sur la crête du rocher!... voilà pour le peintre!... voilà pour ceux qui se plaisent à rêver sur le bord des torrents!!

La cascade est formée par les eaux de la *Daisse* et du *Sierroz*, qui semblent, en s'unissant, rivaliser de fureur; elles vont, écumeuses et bruyantes, se jeter plus loin dans le lac du Bourget. Vous n'en approcherez pas sans une émotion pleine de surprise, sans un frémissement involontaire.... Mais ce n'est pas seulement sur l'horreur du site que vous aurez à méditer.... des pensées vous viendront, tristes.... bien tristes... sur les hasards de la vie humaine, sur l'imprévu de nos destinées.... Dans le lit même du torrent, vous verrez une pierre tumulaire. La mort a passé là!... non la mort lente, attendue, celle inévitable que chacun de nous voit au bout de sa carrière, mais une mort imprévue, soudaine, horrible, frappant sa victime au milieu des rires, des plaisirs, tranchant des jours que la beauté, la jeunesse, la fortune embellissaient.

Voici l'histoire de ce monument funéraire, plus intéressant encore par l'inscription simple et touchante qu'il porte.

5.

En 1813, la reine Hortense, pendant son séjour aux eaux d'Aix, était venue visiter cette cascade. Une de ses dames d'honneur, madame la
baronne de Broc, descendue sur le bord du
gouffre, voulut franchir une des crevasses de la
roche (ce qui se fait facilement et sans danger,
mais avec un peu de précaution ; le frottement
continuel des eaux rendant les pierres arrondies
et glissantes, il suffit de poser le pied avec soin
et de s'aider de l'appui de quelqu'un.) Se fiant
trop à sa légèreté, l'infortunée s'élance, glisse et
tombe dans une ouverture, dont les parois lis-
ses et polies n'offraient aucun point de résis-
tance. On ne put l'en retirer que morte et hor-
riblement mutilée.... La pierre qui indique la
place de ce douloureux événement, a été placée
par les ordres de la reine Hortense ; on y lit ces
mots :

*Madame la baronne de Broc, âgée de 25 ans,
a péri sous les yeux de son amie, le 10 juin 1813.*
*O vous, qui visitez ces lieux, n'avancez qu'a-
vec précaution sur ces abîmes ; songez à ceux
qui vous aiment.*

A trois quarts de lieue de là, sur une hauteur
couverte de bois, au pied de laquelle coule le
Sierroz, on voit la tour de Grézy, débris d'un

château jadis considérable. On retrouve dans cette tour des restes de constructions romaines ; elle n'a plus qu'une soixantaine de pieds d'élévation. La vallée qu'elle domine conserve un aspect agreste et sauvage.

En retournant à Aix, à une lieue environ de la ville, sur le ruisseau de la Baïe, on trouve la fontaine de Saint-Simon, dont nous avons déja parlé.

Un peu au-dessus, il faut visiter un belvédère portant le nom de *Tour de Saint-Simon ;* construction moderne du propriétaire, qui a voulu se donner le panorama des lieux environnants. Chaque étage offre une chambre meublée dans un genre particulier. De la plate-forme qui est au faîte, la vue s'étend assez loin.

De là on peut retourner à la ville par un chemin qui suit la colline des Côtes, ou par la grande route de Genève. En cotoyant le Sierroz, on arrivera au port de Puer, ou bien l'on gagnera le coteau de Saint-Innocent.

CHAPITRE IX.

LE CHATEAU DU BOURGET.

Aujourd'hui, ce n'est plus le développement prolongé des chaînes de montagnes, l'immensité des horizons, ni l'aspect des rocs brisés, menaçants, escarpés, que nous allons chercher, mais l'effet pittoresque des ruines, le contraste harmonieux des jeunes rameaux se balançant sur les vieilles tours lézardées. Les restes du château du Bourget sont dignes du dessinateur; il y trouvera de

Lith. Rue Richelieu 92

LES RUINES DU BON REPOT

jolis détails; et le romantique promeneur qui l'aura accompagné, pourra rêver tout à son aise à l'ombre du petit bois qui l'avoisine : il y a des pensées d'artiste sous l'influence de ce site inspirateur.

Ce château appartenait à une ancienne famille de Savoie, encore existante, et qui en a conservé le nom. Il est situé dans la vallée de Chambéry, à une petite distance du lac. On peut s'y rendre en traversant la colline de Tresserve, mais on préfère y aller par eau.

L'enceinte existe encore, ainsi qu'une tour et quelques pièces attenantes. Frappez!... la vieille porte extérieure vous sera ouverte... Allez au milieu des décombres, chercher sous ces débris poudreux, quelques souvenirs des siècles passés!... Vous pouvez franchir cet escalier dont les marches disjointes vous effraieront peut-être; il vous conduira sur la plate-forme de la tour; les créneaux en sont abattus... Tout est dégradé! tout est rompu!... Où sont-ils les jours où ces lieux retentissaient du bruit des armes, du hennissement des coursiers, du son des cors?... où la bannière des preux flottait sur ce donjon?... Que de pompe et de magnificence alors!... aujourd'hui, quel silence!... oui! mais que de poésie dans ces ruines!... comme l'esprit et les yeux sont captivés par un vieux ma-

noir qui s'écroule!... Celui-ci devient plus intéressant par la tradition qui se rattache au *Comte
Vert*. On assure que ce prince, célèbre entre
tous ceux de la maison de Savoie, par ses hauts
faits et ses exploits chevaleresques, y reçut le
jour : ce fut peut-être dans cette salle dont les
murs sont encore debout, mais dont la voûte,
depuis long-temps détruite, est maintenant rem-
placée par le feuillage touffu d'un vieux noyer,
qui a pris racine entre les dalles. Le temps achèvera
de disperser les pierres de ces murailles, et l'arbre
restera peut-être seul pour en marquer la place...
S'il tombe, plus de traces de la royale demeure!..
C'est ainsi qu'on cherche en vain les vestiges de
tant de cités florissantes, dont l'histoire seulement a conservé les noms, tandis qu'on admire
encore ces forêts vierges, dont les premiers rameaux se couvrirent de feuilles aux premiers
temps de la création...

L'ÉGLISE D'HAUTECOMBE.

L'ÉGLISE D'HAUTECOMBE.

CHAPITRE X.

LA COLLINE DE TRESSERVE. BONPORT.

En sortant d'Aix par la route de Chambéry, et prenant une jolie allée à droite, plantée de peupliers, après avoir traversé le ruisseau du *Tillet* qui va se jeter dans le lac, on commence à gravir la colline de *Tresserve* : la route est belle, et l'on arrive au village après une petite heure de marche. Ce coteau est renommé par son bon air, sa belle végétation, les fruits qu'il produit en abondance et de la meilleure qualité, et par les points de vue qu'il offre, aussi variés que pittoresques; c'est là où sont les plus jolies maisons de campagne : entre toutes, il faut citer celle de M. le colonel *Viviant*, officier français, qui y est établi depuis plusieurs années; cette habitation est la preuve de son bon goût, autant que d'une douce philosophie. Si l'art est pour beaucoup dans le charme de ces lieux, il faut aussi voir comme la nature s'y est prêtée, comme elle a heureusement disposé les quatre tableaux d'un genre tout différent qui frappent les regards, presque du même point du parc : l'un, sur Aix et les collines qui s'élèvent par derrière en amphithéâtre, adossées à l'énorme rocher de Mouxi; l'autre sur Saint-Innocent et la montagne de Saint-Germain qui le domine; un troisième sur le lac d'Hautecombe et le mont du Chat; le quatrième sur la vallée de Chambéry fermée par les pics du Dauphiné.

Nous recommandons aussi aux curieux l'habitation de M. Poulin, à peu de distance de celle de M. Viviant.

Au bas de la colline, sur les bords du lac, nous avons encore à aller visiter *Bonport*, joli château appartenant à la famille *Capré de Mégève*. Ce castél fut jadis habité par les ducs de Nemours. On voit qu'il a été remis à neuf. Sa position est très-pittoresque. Il n'est guère accessible que par le lac; il faut une demi-heure pour s'y rendre, en s'embarquant au petit Port.

CHAPITRE XI.

HAUTECOMBE. CHANAZ.

Depuis long-temps déja, nous aurions dû parler d'Hautecombe. Cette promenade est une des premières que vous ayez à faire; nous vous promettons une journée bien remplie, et qui vous donnera le désir de recommencer la partie.

Après la traversée du lac, qui demande une heure environ, on débarque sous un beau couvert de marronniers, et une rampe vous conduit aux terrasses sur lesquelles s'appuient les murs du monastère. L'ancienne et célèbre abbaye d'Hautecombe, de l'ordre de Cîteaux, fut fondée en 1225, par Amédée III, sur les lieux mêmes qui servaient déja de sépulture aux princes de la maison de Savoie. Le temps et les événements politiques ont dû, pendant la longue série d'années qui depuis se sont écoulées, y apporter de nombreux changements.

Dès son origine, elle eut une grande importance, car on porte à 200 le nombre des moines de l'ordre de Saint-Bazile qui vinrent l'occuper, et embrassèrent la règle de Saint-Bernard. Ce saint célèbre y vint souvent; on montre encore les restes d'une chapelle qui lui était dédiée.

On vit sortir d'Hautecombe des hommes d'état, de valeureux guerriers, des princes de l'Église. Elle fournit à la chrétienté deux papes, Célestin IV, en 1241, et Nicolas III, en 1277.

Alphonse del Bene, d'une grande famille florentine, archevêque d'Albi, homme d'une grande érudition, à qui Ronsard avait dédié son Art poétique, fut abbé d'Hautecombe.

Parmi les princes de Savoie qui y furent inhumés, on peut citer :

Humbert III, guerrier d'une grande piété et d'un grand courage; il y avait été élevé, et y fut enterré en 1233.

Amédée IV, mort en 1253.

Thomas de Savoie, prince d'un grand renom comme guerrier et comme négociateur, mort en 1259, et son frère Pierre, que son habileté fit surnommer le Petit-Charlemagne. Mort en 1268.

Boniface de Savoie, onzième frère de Thomas, célèbre par sa beauté. Mort en 1270.

Philippe, le huitième de ces onze frères. Ce fut lui qui changea la résidence de Chambéry pour celle de Turin. Mort en 1285.

Amédée V, qui reçut le surnom de Grand. Il assista à 32 siéges et 22 batailles. Il accrut beaucoup les états de Savoie, figura avec honneur dans les guerres sanglantes des chevaliers de Saint-Jean de Jérusalem contre les Ottomans, ayant sauvé l'île de Rhodes qui était sur le point d'être prise. Il mourut en 1323 à Avignon, et son corps fut apporté à Hautecombe. C'est en mémoire de ses hauts faits, que la maison de Savoie a ajouté à ses armes une croix blanche.

Viennent ensuite ses deux fils Édouard et Aymond.

Son petit-fils Amédée VI, surnommé le *Comte Vert*, qui le surpassa encore par ses exploits militaires, son habileté dans les affaires, et son adresse personnelle. C'est dans un tournois à Chambéry, où il s'était particulièrement distingué, qu'il reçut le nom de Comte Vert, de la couleur de ses armes. Il ajouta à ses états plusieurs villes du Milanais, du Dauphiné, du pays de Gex. Il alla porter secours aux chrétiens menacés dans Constantinople par les Turcs, et repoussa les Bulgares. Après un règne glorieux de 40 ans, il mourut en 1383.

Dans l'église d'Hautecombe sont encore les restes d'une princesse illustre dans son temps par sa beauté et son esprit, Béatrix de Savoie, dont les quatre filles furent reines ou impératrices. L'une épousa saint Louis, roi de France; une autre, Henri III, roi d'Angleterre; la troisième, Richard, comte de Cornouailles et empereur d'Allemagne; la quatrième Charles d'Anjou, roi de Sicile. Les restes de Béatrix avaient été inhumés au château des Échelles, puis transportés dans l'église du lieu à l'époque des guerres d'Henri IV. Son tombeau ayant été détruit en 1792, ses ossements, qu'on avait conservés, ont été transférés à Hautecombe.

Il est probable que le monastère était anciennement plus considérable qu'il ne l'est aujourd'hui. Les bâtiments actuels datent, dit-on, de l'époque où les Espagnols occupèrent la Savoie, en 1743. Mais l'église et le lieu des sépultures n'auraient point changé de place, à ce qu'on croit. Les tombeaux et les autres monuments furent mutilés ou détruits en 1792, et les religieux forcés de se retirer en Italie.

Aujourd'hui, l'abbaye est sous la garde d'une trentaine de bénédictins. Le dernier roi de Sardaigne, Charles Félix, conçut, en 1824, le projet de restaurer cette antique chapelle, et de relever ces tombeaux, renversés par le vandalisme révolutionnaire. Il appela près de lui M. Melano, pour l'architecture, les frères Cacciatori, pour les sculptures; les peintures furent confiées aux frères Vacca, et les travaux, commencés immédiatement, ne sont terminés que depuis très-peu de temps.

Tous les ans, le roi venait y passer une quinzaine de jours, sans autre suite que huit à dix carabiniers d'escorte. Cette retraite absolue lui plaisait. Les appartements qu'il y occupait étaient de la plus grande simplicité. Il suivait avec intérêt les travaux.

Le cloître, composé d'un corps de logis principal, avec deux pavillons donnant sur le midi, n'a rien de remarquable.

L'église a trois entrées, dont une, toujours ouverte aux étrangers, donne dans la chapelle de BELLEY. Le portail, de style gothique, trop écrasé, est orné de huit statues, quatre grandes et quatre petites, représentant des saints et des ermites.

La Chapelle, sous l'invocation de Saint-

Bernard, doit son nom de Belley, à son fondateur, qui la destina, en 1318, à la sépulture des évêques de Belley. A droite est une inscription sur une table de marbre noir, à la mémoire d'une princesse de Savoie, sœur du roi, morte en 1825. Cette chapelle est comme le vestibule de l'église ; au-dessus de la porte qui y communique sont trois statues, celles de la Religion, du Bon Pasteur et de Moïse.

Dans l'intérieur de l'église, on remarque d'abord deux beaux monuments, de forme octogone, l'un à droite, l'autre à gauche, destinés à supporter les deux statues d'Amédée V et d'Amédée VI; ils offrent une même disposition de niches, de colonnettes, de bas-reliefs. Dans celui d'Amédée VI, le bas-relief représente la prise de Gallipoli; dans l'autre, c'est un traité de paix conclu avec Amédée II.

Au-dessus de la porte est un autre bas-relief représentant la Vierge et l'Enfant Jésus. Il faut faire attention aux détails qui l'accompagnent.

Au côté droit de la nef, est le mausolée de Humbert III, avec la statue de ce prince, en costume religieux. Vis-à-vis est le tombeau de sa femme, Anne de Jeringhen.

A l'extrémité de la nef, près de la sacristie, sont deux petites chapelles contenant des peintures à fresque, parmi lesquelles on remarque l'adoration des Mages ; Jésus conversant dans le temple avec les docteurs de la loi ; la résurrection de Lazare ; le crucifiement, puis l'ensevelissement de Jésus-Christ.

A côté, la chapelle de Saint-Michel, avec les figures symboliques des quatre évangélistes, peintes à fresque. L'ange saint Mathieu est d'une heureuse exécution.

On voit ensuite le tombeau de Louis I, baron de Vaud, supportant la statue de ce prince et celle de sa femme ; on y a joint un lion, un lévrier et deux petits anges.

Derrière le maître-autel est le mausolée de l'archevêque de Cantorbéry, représenté en habits pontificaux, avec des serpents à ses pieds, et à sa tête une cassette, destinée sans doute à recevoir son cœur.

Les tableaux peints sur la voûte reproduisent huit scènes de la vie de saint Bernard.

Un superbe mausolée, enrichi de colonnes, de petites figures placées dans des niches, de pyramides et de bas-reliefs, vient après, surmonté de deux statues ; l'une, armée de toutes pièces, avec un lion à ses pieds, l'autre, avec des vêtements de femme, et un chien, emblème de fidélité : c'est le tombeau du comte Aymon et d'Iolande de Montferrat.

La chapelle des Princes se fait remarquer par

le soin qu'on a mis à l'orner. Autour de l'autel sont les statues des douze apôtres, sur des consoles de forme variée, et séparées par autant de tableaux peints sur toile, disposés dans l'enfoncement des niches. La voûte est aussi décorée de peintures figurant les quatre vertus évangéliques. Au dessus de l'entrée est une fresque représentant l'annonciation. Les fenêtres sont en vitraux de couleur reproduisant des sujets saints.

Vient enfin la chapelle de Saint-Félix, que la piété du roi a voulu placer sous l'invocation de son patron, et qui n'existait point anciennement ; aussi a-t-on jugé convenable d'y adapter une architecture et des ornements particuliers. Au style gothique qui règne partout ailleurs, on a substitué l'ordre ionique. La chapelle est en rotonde, éclairée par le haut. Elle est décorée de plusieurs statues et bas-reliefs. Ceux-ci font allusion au martyre de sainte Félicité. Au-dessus de l'autel est saint Félix, martyr.

Une inscription latine, placée près de là, consacre la restauration de l'église d'Hautecombe par le roi Charles Félix.

Il est à remarquer que la plus grande partie des ouvrages récents de sculpture et d'architecture ont été faits en pierre de Seyssel.

On doit tenir compte à l'artiste des difficultés d'exécution résultant du raccord des monuments nouveaux avec les anciens, et, pour ceux-ci, d'une restauration souvent plus difficile qu'une composition entièrement neuve.

Le succès a couronné ces divers travaux, et, sous tous les rapports, l'église d'Hautecombe est digne d'attirer l'attention des étrangers. Peut-être faudrait-il que cet aspect frais et neuf, que tout ce badigeonnage eût disparu sous l'aile destructive du temps... La lame d'or vive et brillante, l'éclat des couleurs fraîchement posées, conviennent à la salle de spectacle, à l'hôtel somptueux où s'enferme le riche du jour... mais la basilique!... mais la chapelle sainte! ... on se plaît à y trouver une couleur spéciale, un effet général qui atteste l'antiquité du lieu, qui rappelle l'ancienneté du culte ; on n'est point étonné d'y voir la pierre grise et sale, l'arceau dégradé, l'ogive écornée, le petit saint à moitié brisé dans sa niche... c'est le vieux temps, c'est le moyen âge avec ses souvenirs, sa foi, sa chevalerie. Sous une voûte gothique, en pénétrant sous le parvis séculaire, enrichi de tous les ornements de cette architecture éminemment chrétienne, le voyageur s'arrête.... se recueille.... redonne au passé la forme et la vie.... Dans sa rêverie contemplative, il croit entendre les hymnes sacrés, les noëls, les cantiques.... il croit voir le moine studieux et lettré, le digne et riche abbé, le valeureux évêque, le vieil ermite descendu de la montagne.... il se représente le haut et puissant baron, la pieuse châtelaine, le page espiègle et distrait... puis... les hommes d'armes, les vassaux, les bourgeois, les notables.... suivant la démarcation du rang et des dignités, chacun à sa place réservée, dans les bancs, dans les stalles, ou sous le dais. ... tous ensemble adorant Dieu, là où l'adoraient leurs pères, là où s'est ouverte pour eux la terre de sépulture!...

Si cette chapelle parle moins de pompe et de magnificence, elle appelle encore la méditation, par le site où elle se trouve, le silence qui l'environne, les siècles qui se sont écoulés depuis sa fondation, la noble poussière qu'elle renferme, les preux, les chevaliers, les rois, dont elle réunit les tombes. L'imagination y prend un nouvel essor, la tradition s'éveille, la chaîne des temps se relie.... De la pierre sépulcrale qui pave l'église, la pensée, grave, intime, s'élève, quitte la terre. ... va jusqu'aux cieux. ... interroger et prier!...

Sur la terrasse principale, on vient de construire une petite tour, d'un goût assez bizarre, qui domine le lac et doit servir de phare ; elle est à huit côtés, percée régulièrement à chaque étage de plusieurs fenêtres en ogive.

Parmi les habitants de cette sauvage retraite,

il en est qui n'ont pas toujours suivi les austères
pratiques du cloître. En 1830, on nous désigna
un de ces religieux, qui avait long-temps servi
en France, et qui était parvenu à un grade su-
périeur dans les armées de Bonaparte ; nous
allons probablement le retrouver dans ce séjour
de recueillement et de paix ; il a sans doute encore quelques années à y passer, avant de descendre dans la paix plus complète et éternelle
du tombeau!... S'il s'offre à nos regards, res-
pectons le silence et l'isolement auxquels il s'est
voué!.... Il a cru ne pouvoir plus être utile aux
hommes, et il s'en est séparé!.... Les joies de
ce monde, comme ses douleurs, la guerre, les
querelles des peuples, les convulsions des états!
maintenant, si son ame en est émue, ce n'est
plus pour lui!.... Debout, sur le rocher qui domine le lac, ou assis sous le vieux châtaignier,
dont les branches frappées de la foudre se détachent du tronc, ou gravissant à pas lents le
versant boisé de la montagne, il est seul!... en
face du ciel!... Dans la grande voix de la nature, dans ses merveilles, il n'entend, il ne voit
que le Dieu qu'il sert sans partage ; il le prie
pour ceux de ses frères qu'il croit souffrants,
malheureux ou persécutés... Pendant les beaux
jours, il le bénit pour l'air pur dont il l'environne, les fruits dont il charge le verger, les

moissons dont se couvre la terre…. il le bénira
encore, lorsque le vent du nord brisera la surface du lac, lorsque la glace suspendra le cours
du ruisseau, qu'une blanche enveloppe aura ni-
velé la roche et la bruyère… Cette solitude,
pourtant, alors sera bien sévère! … Comme
elle assombrirait ses jours, s'il lui restait le poids
d'un remords, ou le souvenir d'une peine pro-
fonde!… si la religion n'avait pas encore dompté
en lui les passions!… ce triste et inévitable privilége de l'humanité!… les passions!… qui
déchirent la société, qui bouleversent les em-
pires, et se cramponnent encore au cœur du so-
litaire. Lui, pour les vaincre, a prié! il a jeûné,
il a lutté!… et sa physionomie douce et calme
dit assez que ses efforts n'ont pas été vains. Les
traits n'ont point cette sérénité lorsque le cœur
n'est pas vertueux. … et s'il lutte encore, il faut
que, dans le combat, il y ait déja de la vertu!

N'écartons point ces idées salutaires, qui, au
jour d'épreuves, en ajoutant à notre courage et
à nos forces, se représenteront peut-être à notre
esprit, avec l'image du vieux anachorète qui les
fit naître, et le site romantique qui les inspira.

Ce lieu est un de ceux qu'on aime à se rap-
peler toute sa vie. Le souvenir vous en frappe-
rait bien plus encore, si vous y aviez fait le même
pèlerinage que nous; si, à l'ombre des châtai-

gniers touffus qui avoisinent le monastère, groupés silencieusement sur les gerbes nouvellement coupées, vous aviez entendu le poète célèbre * qui y vint si souvent, réciter, de sa voix pleine et sonore, une de ses sublimes méditations !... l'hymne et le sanctuaire semblaient faits l'un pour l'autre !...

A quelque distance du monastère, sous un beau couvert de marronniers, nous allons trouver la fontaine intermittente, dite *des Merveilles.* C'est une source dont le jet s'arrête par intervalles, pour reparaître ensuite à des reprises inégales : dans l'été, les intermittences sont quelquefois de deux à trois jours; dans la saison des pluies, elles se reproduisent jusqu'à quinze fois par heure. En temps ordinaire, l'eau est suffisante pour faire tourner un moulin à blé au bord du lac. Lorsqu'elle va sortir du rocher, on entend un léger bouillonnement; et lorsqu'elle cesse de couler, une forte aspiration.

Vos guides, les âniers, vous diront très-sérieusement qu'elle ne coule que pour les honnêtes gens.... Si la chose était vraie, l'expérience ne laisserait pas que d'être piquante, dans des parties aux eaux, où l'intimité date souvent de la veille. ...

* M. de Lamartine.

On explique ce phénomène en supposant au réservoir ou aux tuyaux de conduite la forme d'un siphon recourbé. On sait que le siphon procure l'écoulement des liquides, tant que ceux-ci ne sont pas descendus au-dessous de l'orifice de la branche qui y plonge; qu'alors l'écoulement cesse et ne recommence que lorsque le liquide est remonté à la hauteur de la courbure.

Ici se trouve un sentier, qui, à travers le bois, se dirige vers le nord, sur le flanc de la montagne; en le suivant, vous aurez plus d'une halte à faire, pour jouir des points de vue charmants qui s'offriront à vous. Nous vous recommandons, entre autres, celui formé par le lac, la vallée de Chambéry, les montagnes du Dauphiné dans le fond, et, sur le premier plan, une petite croix de bois scellée sur la sommité d'une roche anguleuse et inclinée vers le lac. Cet autel rustique s'harmonise admirablement avec le paysage qui l'encadre, en frappant l'esprit de la simplicité sublime d'une religion toute de charité, d'amour, de dévouement.

Cette croix placée là, comme celles que dressaient les premiers fidèles, qu'élevaient dans le désert les premiers chrétiens, résumant encore aujourd'hui, comme elle le faisait alors, tous les mystères du ciel, et sur la terre toutes les idées de civilisation, de progrès, d'avenir, ne captive pas moins l'attention dans cette solitude, que sous la nef élevée à grands frais dans nos riches et somptueuses cathédrales.

Après deux bonnes heures de marche, vous arriverez à CHANAZ, où se fait la jonction du canal de *Savière* avec le Rhône.

Celui-ci, rapide, impétueux, entraîne sur la terre de France le flot limpide du lac. L'onde azurée quitte les montagnes pour s'étendre en longs circuits dans les riches vallées du Dauphiné et de la Provence... elle va frapper les quais des grandes villes, des cités opulentes.... Ce beau fleuve a quelque chose d'imposant!... Il prend sa source à la montagne de la Fourche, près du St.-Gothard, en Suisse, et se jette dans la Méditerranée.

Si vous voulez faire un repas champêtre, vous trouverez au village de Chanaz de très-bon laitage; après quoi, nous retournerons à Haute-combe, par un chemin dans le vallon, qui cotoie le canal.

Ce territoire, limité par le Rhône, le Fier, le lac et la montagne de la Chambaute, est un des plus fertiles de la Savoie; il est appelé *la Chau-tagne*. Ses produits sont en grains, vins, fruits, légumes et gibier. Pour le garantir des irruptions du Rhône, on a construit deux digues qui ont chacune près de 2000 mètres de longueur, mais

Lithogr. Richelieu 92.

LA CHAPELLE DE CHANAZ.

qui sont encore insuffisantes ; le fleuve, en débordant, laisse sur les terres de vastes flaques d'eau. Ces eaux s'écoulent lentement, sans qu'on s'aperçoive que le pays en devienne plus malsain.

Tous les terrains avoisinant Chanaz présentent une grande quantité de coquilles et d'os fossiles, surtout à Saint-Genix.

On regrette que ce canton n'ait pas de débouchés plus faciles, plus en rapport avec sa fertilité. Du côté d'Aix, il n'a que deux chemins, l'un par la montagne de la Chambaute, qui n'est pas sans dangers, et l'autre par le Trou de St.-Germain, où l'on n'est pas moins exposé.

CHAPITRE XII.

SAINT-INNOCENT. SAINT-GERMAIN.

Dans la belle avenue du lac, après avoir passé le pont du Sierroz, le second chemin à droite conduit au coteau de St.-Innocent, presque entièrement planté de vignes et d'une fertilité remarquable. On peut y aller en voiture. On y trouve de jolis sites et des points de vue délicieux sur le lac. Parmi les habitations qu'on peut visiter, il faut citer celle de M. *Blanchard* l'Américain,

LE TROU DE St GERMAIN.

sur une pointe de terre, dont les mouvements ont été heureusement combinés pour l'effet du paysage. Le parc est bien dessiné et bien planté.

On croit que cette colline fut anciennement habitée, d'après quelques inscriptions et quelques fragments d'antiquités trouvés dans la terre et parmi les pierres qui ont servi à la construction de l'église.

Si vous êtes courageux et promeneur entreprenant, en poursuivant notre course au-delà de St.-Innocent, et gravissant la montagne escarpée et rocailleuse de St.-Germain, nous atteindrons le village de ce nom, mais après une marche de près de trois heures et en suivant la crête de la montagne où il n'y a pas de chemin tracé. Toute la roche est coquillère et doit appeler l'attention du géologue. Le village de St.-Germain est dans un site particulièrement sauvage et pittoresque. Il faut voir surtout ce qu'on nomme *le Trou de St.-Germain*, que nous avons déja aperçu et décrit du milieu du lac. Cette sorte de galerie naturelle taillée dans le cœur du rocher, est juste ce qu'il faut pour le sentier qui vient du village. De ce point, par un effet d'optique, on croirait que les eaux baignent le pied de l'ouverture, tandis qu'elles en sont à une très-grande distance.

Au-dessus du village, est un plateau nommé

le *Château de Maurien*, d'où l'on découvre un très-vaste horizon. On dit qu'il existait en cet endroit des restes de constructions romaines. Un peu plus loin, sur un rocher très-élevé, est une croix dite de St.-Bernard.

Maintenant, pour retourner à Aix, nous prendrons un petit chemin sur l'autre revers de la montagne, qui passe devant le château de *Longefant* appartenant au marquis d'Allinge, et aboutit à la route de Genève. De ce côté, il ne faut pas plus de deux heures pour faire le trajet.

CHAPITRE XIII.

LA MAISON DU DIABLE.

Presque au sortir de la ville, sur la route de
Genève, un chemin à gauche, traversant les prés
jusqu'au pont du Tillet, et aboutissant à un bois
jeune et touffu, vous conduira à l'extrémité nord
du coteau de Tresserve. Une belle végétation,
une jolie promenade, une vue ravissante sur le
lac!... voilà de quoi répondre à l'attente des
promeneurs. Ils iront tous s'asseoir sur un petit

banc dressé à l'endroit d'où l'œil peut le mieux embrasser ce délicieux paysage... tous aussi se seront arrêtés au haut de la colline, au pied d'une maison abandonnée, dont les murailles noires se détachent vigoureusement sur le fond boisé, et font opposition à d'autres murs neufs et blancs qui les avoisinent. C'est ce qu'on nomme *la Maison du Diable*. Maint récit s'y rattache.... on en raconte bien des histoires merveilleuses!... Une des plus frappantes est celle-ci, prise dans une vieille légende, et que la tradition a conservée telle que nous la rapportons ici :

Vois-tu ces murs dont l'aspect sombre
Semble évoquer les esprits infernaux!...
Ce toit brisé projette une ombre
Fatale aux fleurs, mortelle aux animaux!...

Ce qui s'y passe est effroyable!...
Passant, si tu crains Dieu,
Fuis de ce lieu!...
Fuis!... c'est la Maison du Diable!

D'un pacte infame
C'est le produit!
Un mécréant, perdant son ame,
La vit bâtir en une nuit!

Ce qui s'y passe est effroyable!...
Passant, si tu crains Dieu,
Fuis de ce lieu!...
Fuis!... c'est la Maison du Diable!...

Un certain jour, naïve bachelette,
Oubliant l'heure et la cloche du soir,
Sur ce coteau, cueillant fraise et noisette,
    Se trouvait seule hors du manoir.
. . . .

Sa mère est loin . . . au hameau de Tresserve . . .
       Et déja vient la nuit;
       Elle écoute. . . elle observe. . .
Hâte le pas. . . s'arrête au moindre bruit . . .
     Elle a cru voir, sous la feuillée,
     S'approcher d'elle un objet blanc !. . .
     Sa tête s'égare. . . . effrayée,
     Elle s'enfuit. . . tout en tremblant. . .

     Las! que devint la jouvencelle,
     En découvrant, au coin du bois,
     Cette demeure criminelle
     Dont on lui parla tant de fois !. . .

      De Lucifer elle a vu l'ombre. . .
Le vent qui souffle est un malin esprit . . .
      De farfadets sans nombre
     Elle entend le lugubre cri . . .

Au même instant, à travers le feuillage,
      D'un rayon argenté,
L'astre des nuits, frappant sur le vitrage,
De mille feux fait jaillir la clarté. . .

      A cette vue,
     Sur le sol, éperdue,
   Elle tombe. . . . elle va périr. . . .
Pour son ame, c'est là qu'il lui fallait mourir !
. . . .

Minuit avait sonné . . . quand bientôt se présente,
   Dans le sentier, une troupe bruyante
      De jouvenceaux,
   Aux chants joyeux, aux gais propos.

Ils revenaient de noble fête,
Chez le haut seigneur du Bourget;
Le plaisir échauffe leur tête;
Leur dire est vif... leur pas léger...
Ils ont passé, sans voir dans la clairière
Le corps gisant, par les ombres caché...
Un seul, resté par hasard en arrière,
Vers la jeune fille a marché....

« —Oh! ciel!... est-elle donc sans vie!...
De la sauver, n'est-il donc plus d'espoir!...
Si jeune et si jolie!...
Elle a soupiré!... non! c'est la brise du soir!... »
Il dit, et son bras qu'il soulève
Est retombé de tout son poids....
Sans plus tarder, il la prend, il l'enlève,
Pour chercher secours, hors du bois.

Vers les sombres murailles
Ses yeux se sont tournés... « un asile! en ces lieux!...
Ah! quel bonheur! » dit-il... Écartant les broussailles
Il court, portant son fardeau précieux...
... « Mais la demeure est donc déserte!... »
Il appelle... nul ne répond...
Il cherche... une porte entr'ouverte
Tourne... en criant sur son vieux gond.

Ce qui s'y passe est effroyable!
Passant, si tu crains Dieu,
Fuis de ce lieu!...
Fuis!... c'est la Maison du Diable!

Que voit-il!... ô merveilles!...
Vastes appartements, brillamment éclairés,
Des feux jetés par des lampes vermeilles....
Riches tapis, meubles, lambris dorés....
Table garnie
De mets exquis et de vins renommés....
Partout au goût la richesse est unie....
L'air est suave, parfumé....

Ce qui s'y passe est effroyable !
Passant, si tu crains Dieu,
Fuis de ce lieu !...
Fuis ! c'est la Maison du Diable !

. . . .
Tandis qu'il cherche et qu'il appelle,
Et qu'à ses cris nul ne se rend,
Se ranimant, la jouvencelle
Ouvre les yeux en soupirant.

Eh quoi !... ce n'est plus là le modeste ermitage,
L'humble manoir par sa mère habité !...
Ce Chevalier !... jeune !... de haut parage !...
Dont le regard sur elle est arrêté !...
Est-ce un vain songe qui l'abuse ?...
Cet or !... tout ce luxe éclatant !...
Interdite... confuse,
Son trouble augmente à chaque instant.

Ses yeux si doux se remplissent de larmes....
—« Mon beau seigneur... où suis-je ?... qu'êtes-vous ?...
N'augmentez pas de trop vives alarmes !...
Dites... parlez !... j'embrasse vos genoux !...
Ma mère !... à moi !... s'écriait-elle...
Ah ! de ces lieux comment sortir !...
N'abandonnez pas votre Estelle,
Ma mère !... où vous trouver ?... Seigneur, je veux partir !... »

—« Tu veux partir !... la nuit est noire...
Peut-être le chemin ne t'est pas bien connu ?...
De grace, en ce logis, daigne m'en croire,
Attends que le jour soit venu....

Elle écouta trop séduisant langage...
Elle eût dû fuir... sagesse le disait...
Si tendre était la voix du page !...
La nuit !... le bois moins dangereux était !...
. . . .

Depuis, hélas ! plus ne parut Estelle !...
Pour elle, un an, le hameau fut en deuil....
Vainement on chercha partout la jouvencelle...
Vide à l'église on porta son cercueil....

Dans les combats, en terre sainte,
Un jeune preux se vit cherchant la mort....
Sa bouche chaque jour murmurait longue plainte....
Il vécut... pour gémir encor !...

Long-temps après, au cloître d'Hautecombe,
On remarquait, sous le capuchon blanc,
Pieux vieillard, emportant vers la tombe
D'un fait passé souvenir accablant....

Souvent de la terrasse, en pleurant, il observe
Cette colline, alors que vient le soir...
Et, le bras tendu vers Tresserve,
Dit, en indiquant ce mur noir :...

Ce qui s'y passe est effroyable !
Passant, si tu crains Dieu,
Fuis de ce lieu !...
Fuis ! c'est la Maison du Diable !...

LA MAISON DU DIABLE

CHAPITRE XIV.

LES BEAUGES.

Il nous reste à voir une partie de la Savoie bien peu connue et cependant bien digne d'être visitée. C'est celle qu'on nomme *les Beauges*. Pays à part; territoire que la nature, la configuration du sol, la difficulté des communications, les mœurs, classent presque en dehors de la société.

Pour en donner une idée, qu'il soit permis à l'auteur de cet ouvrage d'offrir au lecteur le récit d'une excursion qu'il y fit avec quelques personnes, passionnées comme lui pour les sites pittoresques des montagnes. Cette course aventureuse leur laissa de tels souvenirs, qu'ils se plurent à les confier au papier ; ils trouveront place ici.

La troupe voyageuse se composait de trois hommes, un jeune garçon et trois femmes, élégantes Parisiennes, dont les pieds délicats allaient être mis à de cruelles épreuves.

A peine le jour avait-il paru, que la caravane était en marche, vive, alerte.... comme on est à toutes les parties des eaux!.... L'élite des ânes avait été mise en réquisition pour cette expédition, dont le premier but était d'aller sur le sommet de la montagne de Mouxi, visiter des chalets situés sur la crête même, et que d'en bas on aperçoit à peine, tant ils sont élevés. Pour y parvenir, il n'y a que le flanc du rocher sur lequel il faut gravir à pic, pendant près de trois heures.

Au tiers de la montagne, on trouve un premier chalet ; il était habité par un jeune homme, nommé *Franck*, qui avait été au séminaire, mais que sa poitrine trop faible avait empêché de se faire prêtre. Il était là pour surveiller un troupeau. Sa physionomie était douce et spirituelle ;

il s'exprimait bien, et nous montra quelques livres qui charmaient sa solitude.

Il nous disait qu'il était heureux ; que pour lui, c'était une vraie peine, lorsque l'approche de la mauvaise saison le forçait à descendre avec son troupeau dans la vallée.

Jusqu'à ce chalet, on a pu s'aider des ânes ; mais là, impossible de s'en servir... Dames et cavaliers durent mettre pied à terre et faire assaut de force et d'adresse. La marche était pénible, la chaleur étouffante. Dans nos haltes fréquentes, l'intrépide *Françoise* nous faisait un plaisir extrême en nous cueillant les fraises si parfumées qui croissent au milieu des rochers, sous l'ombre protectrice de quelques bouquets de bois.

Françoise était une ânière qui se faisait remarquer dans toutes nos parties par sa vivacité, sa bonne humeur et ses soins empressés. En général, les guides sont doux, serviables, pleins de bonne volonté. On apprécie en eux le caractère savoyard.

Il nous restait peu de chemin à faire.... lorsque tout à coup, du fond de la vallée, des vapeurs épaisses s'élèvent, un vent furieux les agite, le tonnerre gronde sous nos pieds.... nous sommes assaillis par un orage épouvantable.... tel qu'il s'en forme subitement dans les montagnes. Tout a disparu, et le ciel, et le chemin... une pluie violente rend la roche glissante et la terre impraticable... Nos guides eux-mêmes ne savent plus où aller... Nous n'étions pas là sans danger... nous trouvant alors sur la crête même du rocher, au point le plus élevé et le plus escarpé; fort heureusement encore que l'épaisseur du brouillard était telle qu'elle masquait à nos yeux l'immense précipice, où la moindre chute, la violence du vent, ou l'erreur d'un guide, pouvaient nous entraîner!... Dans le péril, c'est quelque chose que d'être affranchi de la crainte!...

Enfin nous parvenons à atteindre les chalets!... Un instant dispersée, la troupe s'y rallie... sans accident!... mais hélas! dans quel état!... Se sécher est la première affaire; déjeuner vient après.... Vous savez, lecteur, comme il est doux, en pareille circonstance, de trouver un bon feu et de faire sauter la croûte d'un pâté!... seulement, un chalet n'est pas toujours un gîte bien commode. Je ne vous donne pas ceux-ci pour des mieux organisés. Une seule pièce fort petite, bien sale, sans fenêtres; une odeur de lait aigre insupportable; la fumée tourbillonnant dans la chambre; la nuit la plus noire, si, pour éviter le froid, on veut fermer la porte; tous les angles occupés par d'immondes et bruyants animaux, habitués du lieu : voilà le gîte où chacun de nous était si aise d'être enfin arrivé!...

Le repas terminé, un grand conseil s'assemble. Que faire?... l'orage est passé : mais alors que la pluie a rendu le chemin si difficile, serait-il prudent de redescendre la montagne?... un faux pas peut causer d'horribles accidents!... et pourtant, la nuit viendra!... Allez à *Chatelard*, dit un vieillard qui venait de visiter un troupeau en *Alpennage* dans les pâturages environnants, et que le mauvais temps avait aussi amené au chalet; *à Chatelard vous aurez de fameuses auberges; j'y vais moi-même; et, si vous voulez me suivre, dans six petites heures nous serons rendus.*

Accepter, parut à tous le parti le plus sage. Secs ou non, manteaux, châles ou capotes, sont remis sur les épaules; chacun s'arme d'un long pieu, débris du feu énorme qu'on avait allumé, et, le vieillard en tête, la troupe se met en marche.

D'abord il nous fallut traverser un bois de sapins qui a été presque entièrement brûlé, il y a plusieurs années; les souches ont fourni quelques pousses nouvelles, mais les vieux troncs échappés à l'incendie se voient encore, çà et là, dépouillés, sans rameaux, ressemblant à des squelettes... Plus loin, sont de vastes pâturages, qui, aux premières pluies, deviennent des marais sans fond, et sont sillonnés de tous côtés par la foudre qui y tombe fréquemment. Ce lieu inculte, inhabité, se nomme le *Désert des Beauges*... Sans un guide on aurait de la peine à en sortir.

Bientôt, cependant, le pays perd de son aridité; le paysage s'embellit, les pentes des montagnes se couvrent de beaux bois, et les vallées de belles prairies. En faisant un très-long circuit, nous traversâmes Saint-François, le Noyer, Molardier, Lécheraine, jolis villages dont les maisons, bâties comme en Suisse, annoncent la propreté et l'aisance. Les toits des clochers, dont les arêtes sont garnies de feuilles de fer-blanc que la rouille n'altère point, produisent, aux rayons du soleil, un effet très-pittoresque.

Ce chemin nous conduisit sur le bord d'un torrent fougueux qui court au milieu des rochers... c'est le Chéran, qui prend sa source près de l'ancienne abbaye de Bellevaux et va mêler ses eaux à celles du Fier. Nous le passâmes sur un pont à demi ruiné par l'onde furieuse, et une heure après nous arrivâmes à Chatelard, par une route assez belle, qui est le grand chemin d'Aix.

Chatelard est le chef-lieu des Beauges... Il était nuit sombre quand nous y fîmes notre entrée, après une journée entière de marche, de fatigues... et de gaieté... Le mauvais temps avait mis un singulier désordre dans nos toilettes;

CHATELARD

Lith. rue Richelieu 9.

CHATELARD

qu'étaient devenues notre tenue parisienne, et la
mise de bon ton, simple mais élégante, de nos
compagnes de route !... Notre apparition surprit
quelque peu les bons habitants, peu habitués à
de pareilles visites... Ce sont des *balouriés* (des
comédiens en style du pays), disait-on autour
de nous...

Ce serait vous tromper que de vous laisser
croire que l'auberge du lieu répondit à tout ce
qu'on nous avait promis; nous eûmes quelque
peine à y trouver le nombre de lits suffisants;
le souper fut lent à paraître.... tous événements
qui tiennent essentiellement aux voyages, et qui
n'ont rien d'assez neuf pour nous occuper ici.

Profitons plutôt de ce moment de repos pour
donner quelques notions générales sur la contrée que nous voulons vous faire connaître.

Les Beauges forment une sorte de plateau
très-élevé et fortement accidenté, s'étendant
du sud au nord et s'abaissant peu à peu dans
cette même direction. On le considère comme
le point où le calcaire alpin est remplacé par
le calcaire jurassique. Il se nommait anciennement *Boviliæ* (pays de bestiaux). Ses limites sont,
au nord, le bassin d'Annecy; à l'est, la vallée
de Faverge; au sud, l'Isère; à l'ouest, la vallée
d'Aix; il peut avoir 5 lieues dans sa longueur,
et 3 en largeur. Son élévation moyenne est de

1,000 mètres au-dessus du niveau de la mer : les sommités de Rossane, du Charbon, de Nivolet vont jusqu'à 14 et 1500 mètres.

On n'y pénètre que par quelques passages, tous plus ou moins difficiles : tels que le col du Désert, du côté de Chambéry ; le col de la Tuile, sur Montmélian ; celui de Tamiez, du côté de l'hôpital ; celui de Bellecombe, sur Faverge ; celui du Frêne, sur Saint-Pierre d'Albigny ; celui de la Sciaz, sur Saint-Jean-de-la-Porte ; celui de Léchaux, du côté d'Annecy ; et enfin celui de Cusy ou de Bange, sur Aix et Rumilly. Les quatre derniers sont praticables pour des voitures très-légères, notamment le col de Bange, qu'on appelle la bouche des Beauges.

Ce territoire est composé de 13 communes, dont la population s'élève maintenant à près de 13,000 ames, formant un district de perception ou mandement de justice. Chatelard est presque au centre ; on distingue les Hautes et Basses-Beauges.

Le sol, montueux et varié, est, dans quelques parties, d'une grande fertilité. Les terrains élevés sont en pâturages ; les Basses-Beauges produisent des grains, des fruits, des légumes. On y voit quelques bois de sapins, restes des forêts que les anciennes usines ont épuisées. Le beurre y est excellent. On y fait de très-bons fromages, appelés *tommes* dans le pays; on les désigne aussi, suivant la manière et le lait dont ils sont confectionnés, sous les noms de *Gruyère*, de *Chevrotin*, de *Persillé*, de *Vacherin*.

Ce massif tout calcaire présente une grande quantité de coquillages fossiles. Il s'y trouve quelques blocs granitiques, qui, par leur isolement, semblent être venus de plus loin. Le Chéran et les autres cours d'eau qui s'y joignent roulent sur des bancs de grès, auxquels s'attachent des pyrites aurifères, dont le frottement arrache des paillettes d'or, que le courant entraîne en assez grande quantité pour qu'on s'occupe à les extraire du sable déposé par le torrent au pied des Beauges. Le fer qu'on en retire est réputé très-bon, et propre surtout, par sa ductilité, à la clouterie. On y compte trois fonderies et plusieurs martinets. On cite les usines de *Bellevaux*, d'*Aillon*, de *Chatelard*. Presque tout le minerai se tire de la montagne Saint-George d'Heurtière. Dans la commune de *Bellecombe* existe une houillère qui pourrait être exploitée avec succès. Les deux genres d'industrie particulière au pays sont la clouterie et les ustensiles de ménage en bois : ceux-ci se fabriquent plus particulièrement à Noyer et à Saint-François de Charmillon. Hors cela, on ne connaît que les travaux agricoles, le soin des fermes et des bestiaux.

Les habitants, qu'on désigne à Chambéry sous le nom de *Beaujus*, offrent beaucoup de coutumes de la vie patriarcale, et les mœurs des peuples pasteurs. Ils sont très-religieux; ils n'émigrent point comme tous les autres savoyards; leur taille est élevée et leur constitution robuste. Les fermes du pays sont intéressantes à voir par leur bonne tenue et l'aisance qui y règne : il en est qui se composent de plus de trente individus, sous la direction du plus capable plutôt que sous celle du plus âgé. Celui qui est chargé spécialement des bestiaux se nomme le *Suisse*. Dans ces grandes fermes on n'a recours à aucune personne étrangère pour la confection des instruments aratoires et les ustensiles de ménage ; tout se fait par les membres de la famille.

Il règne généralement dans les Beauges une instruction élémentaire qu'on ne devrait pas s'attendre à y trouver: presque tous ces bons villageois savent lire et écrire. Les femmes se distinguent par leur activité.

Châtelard, le point central des Beauges, a été très-anciennement habité. On croit qu'une voie romaine y passait, allant à Genève par Annecy; toujours est-il que le château fort, dont on ne voit plus que quelques ruines, était de construction romaine : les médailles qu'on y a trouvées ne permettent pas d'en douter. Ce château était

sur le rocher qui domine l'emplacement des habitations actuelles, au pied de la Dent de Rossane,
dont il n'est séparé que par le Chéran, qui semble
avoir tranché perpendiculairement la montagne
pour se frayer un passage. Ce précipice effrayant
est nommé le *Saut du Diable*. C'est ainsi que
partout on attribue au malin esprit ce qui
semble s'écarter des lois ordinaires de la nature.

Dans les siècles passés, cette intéressante contrée ne resta point sans habitants, sans culture.
A Bellevaux, où commence le Chéran, il y avait
un monastère fondé en 1078 par Humbert III;
près de la source du Nant (torrent) d'Aillon,
était une chartreuse bâtie en 1183.

Ces pieux établissements du moyen âge n'é-
taient pas seulement consacrés aux méditations
et aux pratiques religieuses, ils offraient encore
le levier si puissant des associations, pour l'exécution des travaux de tout genre qui se seraient
trouvés au-dessus des facultés individuelles de
cette époque : là, par exemple, ils servaient à
l'exploitation des mines.

Alors que les peuples, ignorant jusqu'au mot
de civilisation, ne savaient rien encore, ou plutôt avaient tout oublié, les moines avaient une
haute fonction sociale à remplir. C'était à eux,
seuls chargés du dépôt précieux des sciences et
des arts, à le conserver, à l'accroître, à l'enrichir;

jusqu'au temps où les lumières et l'instruction se généralisant, il serait permis à tous les membres de la grande famille d'unir leurs efforts, de coordonner leurs opérations, de donner à chacun sa part d'activité, et de marcher de front dans la voie du progrès et des perfectionnements.

Laissons ces réflexions qui nous entraîneraient loin du cadre de cet ouvrage, et reprenons la fin de notre récit, qui peut-être ne sera pas sans intérêt.

Les premiers rayons du soleil frappaient la pointe du rocher de Rossane ; on distinguait l'aigle majestueux qui volait autour, lorsque la voix de Françoise se fit entendre... elle réveillait ceux qui dormaient encore... Tout le monde fut bientôt prêt... et l'on partit, bien ou mal remis des fatigues de la veille...La route est facile pendant quelque temps ; elle traverse des terrains fertiles et bien cultivés ; on laisse à droite et à gauche les jolis villages de la Mothe, de l'Écherain, d'Arit... Mais bientôt la vallée se resserre, la roche reparaît menaçante au-dessus du chemin, le Chéran se fait entendre furieux et bouillonnant... Halte ! s'écria un de nos guides, voici le pic d'Alève !... Arrêtez !... vous voici près d'une des merveilles du pays !... le fameux lac souterrain !...

Personne ne se fit prier, et laissant nos ânes au hameau de Martenoux, où nous trouvâmes des guides, nous nous mîmes à gravir la montagne jusqu'aux deux tiers de sa hauteur. Là, au milieu d'un petit bois qui en masque l'entrée, se trouve la célèbre grotte de Bange, qui a donné naissance à tant de fables, tant de récits merveilleux : chaque guide a le sien qu'il débite le long du chemin. Celui-ci, c'est le diable ; celui-là, ce sont des brigands ; un autre, ce sont des faux monnayeurs... et tous de s'extasier sur l'immensité de la caverne, et le courant qui en sort chargé des paillettes d'or que nous savons déja que le Chéran entraîne avec lui.

Dans les temps de superstition, d'aveugle croyance, il n'en fallait pas davantage pour supposer un riche trésor enfoui dans ces cavités inconnues, et placé sous la garde d'un être fantastique. C'était toujours un monstre informe, un génie malfaisant, un animal effrayant, qui, placé à l'entrée de la caverne, ne permettait d'en approcher qu'à ceux qui avaient bien voulu vendre leur ame au démon... Sans doute ces grottes profondes servirent souvent de retraite à des voleurs soigneux d'entretenir les traditions qui faisaient leur sûreté, et ne sortant que la nuit de ces lieux dont on s'écartait avec tant d'effroi.

8

Sans croire à tous ces récits, il y avait bien de quoi exciter notre curiosité, et toute la troupe, hommes, femmes, enfants, s'enfonça hardiment sous ces voûtes merveilleuses, précédée du guide armé de la lanterne obligée. Le souterrain descend d'abord par une pente rapide ; les parois du rocher sont presque partout garnies de stalactites. Après avoir cheminé quelque temps, nous arrivâmes à un rétrécissement de la grotte, tel, qu'il fallait se glisser à plat ventre pour aller plus avant. Ceci devenait trop sérieux pour les femmes, dont les pieds s'accommodaient peu des aspérités du roc et de la boue épaisse dans laquelle il fallait forcément marcher ; elles remontèrent donc, et trois seulement d'entre nous voulurent pénétrer plus loin ; mais ils furent aussi bientôt obligés de revenir sur leurs pas. Après ce passage étroit, long de quelques pieds seulement, on trouve une seconde caverne au fond de laquelle est le lac mystérieux dont le trop plein s'échappe par les fissures de la roche et va se jeter dans le Chéran. C'est cet étang que voulaient visiter nos intrépides compagnons ; mais ils ne purent franchir l'ouverture de la dernière grotte, que l'infiltration des eaux et l'accroissement des stalactites rétrécissent tous les jours davantage.

Nous retrouvâmes tous avec joie l'air extérieur, le ciel bleu, la flamme pétillante d'un bon feu que nous avaient préparé nos guides à l'entrée de la caverne, et on se remit en marche... non sans avoir considéré attentivement un rocher dominant la vallée et le chemin, et dont la forme bizarre lui a fait donner le nom d'*Aiguilles des Fées*. En s'en approchant il perd de sa singularité; mais de loin on dirait une longue suite de tours, de pointes, de flèches gothiques.

Le fond de la gorge où serpente la route est toujours déchiré par l'impétueux Chéran ; à quelque distance de là, pour le franchir, on trouve un pont en pierre d'une seule arche, sans parapets, jeté avec une hardiesse extrême sur le torrent, dont le lit est creusé à plus de cent pieds de profondeur au-dessous, et tellement resserré, que certaines saillies de la roche des deux bords se croisent encore. La profondeur du gouffre, le désordre des rocs entassés, le bruit épouvantable de l'onde qui s'échappe d'une cavité pour bouillonner dans une autre, la témérité de celui qui osa poser sur l'abîme cette arche isolée, l'aspect sauvage et imposant du vallon qui encadre ce tableau, voilà une scène admirable!... un spectacle qui ne s'oublie point!..

Ce pont est la limite des Beauges. Après l'avoir passé, on marche encore quelque temps au milieu des rochers et des arbres touffus; et enfin,

8.

l'on découvre la nappe azurée du lac du Bourget,
et le profil tourmenté de la Dent du Chat...
Aix n'est pas loin...

Nous quittions les Beauges avec le regret de
n'avoir pas vu quelques points qu'on nous avait
fort vantés ; entre autres la fontaine du *Pissieux*
sur la montagne de *Margériat*, au bord du
Nant d'Aillon; près de là, le *Dron*, rocher blan-
châtre et tendre qui se détrempe dans les grandes
pluies et fait mourir le poisson du torrent ; la
fontaine de la *Traversaz*, dont les eaux sont
minérales ; la grotte des *Portes*, sur le rocher
du *Charbon*, passage resserré par lequel on conduit dans l'été les troupeaux sur le plateau de
Gruyère, l'un des plus élevés des Beauges ; elle
est près du village de Doucy.

Ainsi se termina cette petite expédition qui
avait eu pour nous tout le mérite de l'imprévu.
Peut-être ce récit rapide donnera-t-il à quelques
promeneurs entreprenants le désir d'en faire
autant : ils verront que cette curieuse contrée
est digne d'un examen tout particulier. Seulement ils pourront s'éviter les fatigues que nous
avons eues pour y pénétrer par le flanc escarpé
de la montagne de Mouxi ; nous leur conseillons
de se diriger droit sur Chatelard, d'où ils pourront étendre tout alentour leurs promenades,
vers les sites les plus intéressants.

C'est une excursion que nous recommandons
particulièrement aux botanistes, aux géologues,
aux dessinateurs, aux naturalistes. Les femmes
qui, d'un pas hardi, les suivront, doivent s'attendre à quelques fatigues... mais la gloire!...
mais le plaisir! mais cet attrait pour le difficile
et l'inconnu qui séduit tant de têtes!... et ce
souvenir enfin à rapporter dans ses foyers, lorsqu'un jour elles pourront dire : Ah! vous avez
été à Aix!... mais avez-vous vu Chatelard?
comme moi, connaissez-vous les Beauges?...

CHAPITRE XV.

LA SAVOIE.

Description générale.

Avant de terminer, nous allons jeter un coup d'œil rapide sur la Savoie en général, en indiquant les lieux les plus remarquables et donnant quelques détails sur la ville principale du pays.

La Savoie comprend toute la partie des états du roi de Sardaigne à l'ouest de la grande chaîne des Alpes. Elle a 35´lieues de long sur

24 de large; elle est bornée au nord par le canton et le lac de Genève; au nord-est par le Valais; au sud et au sud-est par le Piémont; au sud-ouest et à l'ouest par la France. Sa population est de 467,000 habitants. Elle se divise en sept provinces : la Savoie proprement dite, le Génevois, la Tarentaise, la Maurienne, la province de Carouge, le Faucigny, et la Haute-Savoie.

En embrassant l'ensemble de ce pays pittoresque, on voit une suite de hautes montagnes, s'étendant du sud au nord, et comprenant les masses gigantesques du mont Cenis, du mont Iseran, du petit et du grand Saint-Bernard, du Mont-Blanc, etc., etc. : ce sont les Alpes dites cottiennes, grecques et pennines, qui séparent la Savoie du Dauphiné, du Piémont et du Valais. De cette crête ardue, qui n'a pas moins de 4,000 mètres d'élévation sur divers points, se détachent trois chaînes secondaires, dans une direction générale de l'est à l'ouest, et s'abaissant insensiblement vers la France; l'une, partant du mont Cenis, s'étend entre l'Arc et l'Isère; la seconde entre l'Isère et l'Arve; la troisième s'élève sur la droite de l'Arve. Dans toutes, règne le plus grand désordre. Elles sont en général formées de calcaire grenu, de schiste micacé et de quartz. Les cimes sont hérissées de pointes aiguës, les vallées profondes et resserrées. En s'éloignant des hautes montagnes, ces vallées s'ouvrent et s'élargissent; le sol alors change de configuration et de nature. Des rives de l'Isère et de l'Arly au Rhône, il devient calcaire, compacte et coquiller. Les hauteurs s'abaissent et présentent communément des plateaux inclinés à l'est sous un angle de 30° environ, et dans le sens opposé aux chaînes primordiales. Ces plateformes se terminent sous la forme de dents, tandis que, dans les chaînes primitives, les blocs granitiques qui les couronnent conservent l'aspect de pics ou d'aiguilles. Cette double dénomination a passé dans le langage et a été adoptée suivant les lieux.

Ce qu'on remarque avec étonnement, ce sont les fragments de roches primitives qu'on trouve bien loin de leur gisement naturel, sur les bords du Guier par exemple, qui ont dû être roulés jusque-là, avant l'ouverture des vallées, sur des pentes continues, depuis la chaîne principale dont ils faisaient partie.

Nous avons assez parlé de la vallée d'Aix et de tous les sites qu'elle renferme; maintenant, pour parcourir la Savoie et faire connaître les points les plus intéressants, nous allons commencer par Chambéry, chef-lieu de la province.

La distance d'Aix à Chambéry est de deux postes; mais la route est si belle qu'on les fait facilement en voiture en moins d'une heure et demie. On traverse la plaine marécageuse du Vivier en passant par le village de ce nom, autrefois appelé *Vivaria Romanorum*, et où l'on a trouvé quelques fragments d'antiquités. Avant d'entrer dans la ville, il faut descendre la belle rampe de Côte-Rousse, soutenue par de hautes murailles et faite par les ordres du roi Victor-Amédée. De là on découvre la ville et le riche bassin qui l'environne. Cette vue est fort belle. La vallée est fermée au nord et à l'est par les Beauges ; à l'ouest et au sud, par les monts du Chat et de l'Épine, qui se prolongent depuis le Rhône jusqu'à l'Isère. Cette vallée est toute en terrain d'alluvion : l'on y trouve beaucoup de coquilles. Les collines sont calcaires et couvertes de vignobles. Le point culminant est la Dent de Nivolet, à 1,500 mètres au-dessus du niveau de la mer.

La ville de *Chambéry*, sur la route principale de France en Italie, à 147 lieues de Paris, 29 de Lyon, 13 de Grenoble, 38 de Turin, 23 1/2 de Genève, est assez moderne. Sa population est de 12,000 ames. Elle a une intendance et un évêché. On employa à ses constructions les restes d'une autre ville très-ancienne, le *Lemnicum* des Romains, qui fut la capitale de l'Allobrogie, et qui était située près de là sur la colline de Lemène, à l'endroit où l'on voit encore quelques maisons à moitié détruites, et une vieille église du 6ᵉ siècle, bâtie elle-même sur les ruines d'un temple à Mercure.

Chambéry est traversé par deux rivières, l'*Aisse* et l'*Albane*. Les maisons, assez mal bâties, sont couvertes d'ardoises. On y trouve deux belles promenades, dont une au château ; plusieurs places, sur l'une desquelles s'élève une fontaine surmontée d'une statue de femme ; deux hôpitaux, une académie, une salle de spectacle. L'air y est pur et le sang beau. J. J. Rousseau, qui habita long-temps ce pays, a dit : Les femmes y sont belles, et pourraient se passer de l'être, ayant tout ce qui peut faire valoir la beauté et même y suppléer. Il s'y trouvait naguère encore beaucoup de familles anciennes et titrées. C'est la patrie de Saint-Réal et de Vaugelas.

Le château fut bâti en 1230 par Thomas, premier comte de Savoie. Il fut la résidence des princes de cette maison, jusqu'à leur établissement à Turin. Il fut brûlé en 1745, puis en 1798. Une partie fut rétablie en 1803, alors que la Savoie était réunie à la France sous le titre de département du Mont-Blanc. On doit aller voir dans l'intérieur, la Sainte-Chapelle, qu'au milieu du 15ᵉ siècle avait richement dotée la femme du duc Amédée IX, Iolande de France.

Chambéry est renommé dans le commerce, pour ses gazes, dont la finesse et la légèreté s'unissent à la solidité, et supportent très-bien toute espèce de broderie.

Ce que la ville a de mieux en constructions toutes modernes, vient en grande partie de la générosité d'un de ses riches habitants, mort il y a peu de temps, le général *de Boignes*. On lui doit deux hôpitaux, le collége, l'académie, le théâtre, une belle rue qui porte son nom, et plusieurs dotations pour des établissements publics.

La vie aventureuse de M. de Boignes en fait un personnage historique. Sa place est assurée dans les fastes du pays qui l'avait vu naître, et où il est venu mourir après de longnes années passées dans des régions lointaines et peu connues.

Il avait 22 ans, lorsqu'étant entré au service de la Compagnie des Indes, il se rendit à Madras, en 1777. Après quatre campagnes, voyant que sa qualité d'étranger était un obstacle à son avancement, il partit pour Delhy, dans le Mogol, dont les habitants étaient depuis long-temps en guerre avec les Jattes. Il offrit ses services au prince maratte, *Mandajy Scindiah*, et non pas à *Tipo-Saëb*, comme on l'a dit souvent. Le prince maratte soutenait une lutte opiniâtre contre d'autres rajahs ses voisins. En 1785, le jeune de

Boignes lui organisa deux bataillons à l'euro-
péenne, et bientôt après eut le commandement
d'un corps de 30,000 hommes, avec lequel il
gagna la bataille de *Jannah-Pannah*; ce qui lui
valut des présents considérables. La mort du
prince vint mettre un terme à ses entreprises bel-
liqueuses; en même temps, sa santé lui rendant
nécessaire le climat d'Europe, il revint en 1796
avec une fortune immense qu'on portait à 15
millions; il épousa une demoiselle d'Osmond, et
alla dans sa patrie dépenser noblement les trésors dont le sort l'avait rendu possesseur.

A une portée de fusil de la ville, se trouve la
maison qu'il occupait, appelée le Buisson. Elle
n'a rien de bien remarquable. De la partie la plus
élevée du parc, on a un joli point de vue sur
Chambéry.

Près de là est le coteau des *Charmettes*, que
l'auteur d'Héloïse a rendu célèbre. On voit encore la modeste demeure du philosophe; on s'y
rend de Chambéry, en suivant le sentier dont il
parle dans ses Confessions. A peu de distance est
aussi la maison qu'occupait un jurisconsulte renommé, *Antoine Faber*.

A une lieue et demie de la ville, dans le flanc
du *Mont-Termino*, se trouve la cascade du *Bout
du Monde*, nom qui va bien à sa forme et à sa
position singulière. Le rocher, coupé circulaire-

ment et à pic, présente une enceinte régulière, d'où jaillissent plusieurs filets d'eau, tandis que du sommet s'élance *la Doria*. Le tout est dominé par le mont *Chaffardon*. Cette chute d'eau est vraiment curieuse; mais une papeterie construite au pied empêche de la voir bien et d'une distance convenable. Le chemin qui y conduit de Chambéry est très-curieux : on suit pendant quelque temps une digue élevée à grands frais pour contenir les eaux de l'Aisse. On y va facilement en voiture.

Dans la montagne de *Margerie*, on voit plusieurs puits dans lesquels on trouve de la glace pendant toute l'année, et que les habitants du village de Thoiry vendent au loin. Un de ces puits se fait remarquer par son étendue et sa profondeur, mais il est très-dangereux.

A une demi-lieue, au nord de la ville, est la fontaine de *la Boisse*, où l'on arrive par un chemin commode et pittoresque. Cette source minérale au pied des Beauges pourrait être un filet détaché des eaux d'Aix.

Plus au nord est *Saint-Alban*, dont la route est très-curieuse. On passe par le détroit de *Saint-Saorlin*, fente pratiquée dans le rocher, au pied du Nivolet. Au fond de la gorge, d'un côté, est un ancien ermitage; de l'autre, une petite chapelle dans une caverne, à la place où était, dit-on, un temple consacré à Saturne. Les paysans des environs y vont, à certains jours de l'année, dire des prières, et se baignent ensuite à une fontaine voisine. Ce site, à une lieue seulement de Chambéry, est digne d'être visité.

Quatre lieues plus loin, se trouve *Chatelard*, chef-lieu des Beauges, dont nous avons parlé précédemment.

Au nord-ouest et à deux petites lieues de Chambéry, au bas de la montagne de l'Épine, on doit aller voir *La Mothe*, maison de campagne du marquis de *Costa*, réputée la plus belle de la Savoie. Le parc est très-bien dessiné. On y remarque une chapelle gothique, d'un fort bon goût. Feu M. de Costa était membre de plusieurs académies, et auteur d'un ouvrage estimé sur l'agriculture.

De l'autre côté de la montagne, *Novalèse*, ville ancienne, au centre du plateau de ce nom, à quatre lieues 1/2 de Chambéry.

Près de là, le vieux château de *Rochefort*, où fut arrêté Mandrin.

Nous voici dans ce qu'on nommait *le petit Buejy*, compris entre le Rhône, le Guier, le mont du Chat et son prolongement. Ce territoire dépendait de Belley. Le vin qu'on recueille entre Chanaz et Lucey est renommé.

En descendant le Rhône, on trouve le bourg

d'*Yenne*, près du torrent du *Flon* et sur l'ancienne route de France en Italie. On présume qu'il y avait jadis un pont sur le Rhône, entre le rocher de *la Balme* et celui de *Pierre-Châtel*, et que ce pont faisait partie d'une voie romaine. Il faut maintenant traverser le lit du Flon, que les crues subites rendent souvent impraticable. En suivant le chemin tracé sur le bord du fleuve, dans un rocher dit le *Banc des Dames*, on arrive bientôt à un passage très-curieux, que les eaux semblent s'être creusé anciennement dans la roche, et où l'on voit la belle grotte de *la Maladière*. C'est par le détroit de la Balme que passent toutes les eaux des lacs de Genève, d'Annecy et du Bourget, provenant de la chaîne de montagnes depuis le Saint-Gothard jusqu'au Bonhomme.

Plus loin, vers le sud, on voit *Saint-Genix*, anciennement *Augustum*, au confluent du Rhône et du Guier, dans une belle situation. On y a trouvé quelques antiquités. Tout le sol est coquiller et présente fréquemment des os fossiles.

Belmont, où sont quelques restes d'anciens bains.

Près de là, *Pont-de-Beauvoisin*, à sept lieues 1/2 de Chambéry, sur le Guier, qui sert de limite à la Savoie et partage la ville en deux, la rive gauche à la France, la droite à la Sardaigne. C'est la route de Lyon à Chambéry, et de là en

Italie. Il s'y trouvait très-anciennement un château qui fut détruit par Henri IV. On y élève des vers à soie.

Entre cette ville et Chambéry est *Aigues-Bellettes*, qui avait aussi son château fort, détruit dans le 15ᵉ siècle. C'était par là que passait jadis la grande route. Le joli lac qu'on y voit dans un site très-romantique conserve sur ses bords les traces d'un chemin pavé qui le traversait et qui indique la formation récente du lac. Au milieu est une île avec une petite chapelle, sur les ruines, dit-on, d'un temple à Bellone.

De *Pont-de-Beauvoisin* aux *Échelles*, la route, extrêmement pittoresque, suit la rive droite du Guier, torrent rapide qui vient des hauteurs de la Grande-Chartreuse et se jette dans le Rhône. Le chemin, qui s'élève à une hauteur prodigieuse au-dessus du torrent, est taillé en zigzag dans le rocher, et présente, sur une longueur de 2,000 mètres, une rampe étroite, mais sûre, avec un parapet bien entretenu et des retraites pour les voitures. C'est le passage de Chailles.

On arrive aux *Échelles*, gros bourg sur la droite du Guier, à 5 lieues de Chambéry.

De là, on aperçoit les pics neigeux de la Grande-Chartreuse, dans les montagnes du Dauphiné, sur la terre de France, distants d'environ quatre lieues. Pour y aller, on prend à la poste des chevaux qui vous mènent à *Saint-Laurent*, village au pied de la montagne, où l'on trouve des mulets pour continuer la course. Cette excursion ne se fait pas sans quelques fatigues, mais on en est amplement dédommagé par la beauté des sites qu'on va visiter. Ce romantique désert est assez célèbre pour qu'on n'ait besoin que de l'indiquer aux voyageurs.

Les *Échelles* doivent leur nom au passage curieux qui était jadis le seul moyen de communication avec Chambéry. L'immense rocher qui se trouve là comme rempart naturel de la Savoie, ne pouvait être franchi qu'à l'aide de longues échelles, servant à atteindre une grotte qu'on avait prolongée dans toute l'épaisseur de la montagne; il fallait près d'un quart d'heure pour la traverser. A sa sortie était une petite chapelle à Notre-Dame-de-bon-secours, qui existe encore.

Maintenant la route s'ouvre un peu plus à gauche, dans une belle galerie souterraine de 280 mètres de long, qui a dû coûter d'immenses travaux. Elle fut entreprise sous Napoléon, et terminée en 1813. Il est à craindre que les eaux qui y filtrent sans cesse, ne la dégradent à la longue. Le gouvernement de Sardaigne a fait achever depuis la belle rampe qui y conduit.

Le reste de la route des Échelles à Chambéry

n'est pas moins pittoresque. Elle serpente entre
des roches abruptes et en désordre qu'il a fallu
couper exprès.

Dans l'étroite vallée de *Coux*, au milieu d'un
sol pierreux et stérile, une demi-lieue avant Chambéry, sur la droite du chemin, on voit la cascade de *Coux*, qui a près de 50 mètres d'élévation. Il y a quelques années on pouvait passer entre la chute d'eau et le rocher; mais des
fragments tombés depuis peu ne le permettent
plus. L'entrée de la ville n'a rien de remarquable.

Si de *Chambéry* l'on se dirige sur *Grenoble*,
après *Saint-Jones*, à la distance de 3 lieues environ, on trouve les *Marches*, où était un vieux
château à la famille de Bellegarde, bâti par Amédée V, comte de Savoie.

Une lieue plus loin, le fort Barreaux sur la
frontière de France.

Cette partie de la Savoie est riche en souvenirs.
C'est là que se passèrent les événements les plus
mémorables que l'histoire du pays ait eu à enre-
gistrer. A ces lieux se rattachent de grands noms :
Annibal, suivant quelques auteurs, François Ier,
Henri IV, Amédée et Emmanuel de Savoie,
Bayard, Napoléon, etc., ces grands capitaines y
conduisirent leurs troupes victorieuses.

Si l'on suit la route d'Italie, de Chambéry on
va d'abord à *Montmélian*, ville très-ancienne,

sur la droite de l'Isère, près des Marches et à 3 lieues de Chambéry; appelée *Monterra* par les Romains. Sa population est de 4,000 ames. Elle est formée d'une seule rue presque circulaire, dont la pente est extrêmement rapide; c'était cependant jadis la seule route de la Tarentaise et de la Maurienne, et le seul chemin praticable pour aller de France en Italie par le Mont-Cenis ou le petit Saint-Bernard. A force de travaux, on est parvenu à le rendre bien plus facile.

Cette ville fut brûlée dans le 15ᵉ siècle par les Barbares. Elle est assise sur un rocher escarpé. On la considérait comme la place la plus forte de la Savoie; François Iᵉʳ la prit en 1535 et Henri IV en 1600. Louis XIII en fit le siége sans succès; en 1691, elle fut prise par le maréchal Catinat, qui acheva de détruire ses fortifications. Les Français s'en emparèrent en 1792 : ce fut par là que s'ouvrit la campagne.

A Montmélian commence la vallée de l'Isère ou *Combe de Savoie*, comprise entre le versant oriental des Beauges et les montagnes de la Maurienne et de la Tarentaise. Toute cette contrée est assez fertile, mais on y voit des goîtreux et des crétins, sur la rive gauche de l'Isère surtout.

L'*Isère* tire son nom du *Mont-Iséran*, où cette rivière prend sa source; elle se jette dans le Rhône, près de Valence.

Au nord de Montmélian est *Chignin*, au pied de la montagne du même nom. Au milieu d'un monceau de ruines, on voit encore debout deux tours, restes d'un vieux château.

La route d'Italie par le petit Saint-Bernard suit la vallée de l'Isère; elle passe à *Saint-Pierre d'Albigny*, 6 lieues de Chambéry, au bas du col du Frêne, par où l'on monte dans les Beauges. Ce territoire est bien cultivé et le pays commerçant. On y trouve une carrière de marbre. Dans l'église d'un ancien couvent en ruine de l'ordre de Saint-Augustin, fondé en 1381, on conserve une relique qui est une épine de la couronne de Jésus-Christ.

Miolans, vieux château, sur un rocher escarpé et très-élevé qui défendait l'entrée de la Tarentaise.

Grésy, où l'on a trouvé quelques antiquités.

Gilly, près du confluent de l'Isère et de l'Arly, sur une colline adossée aux Beauges. Henri IV y avait un camp en 1600. Près de là, l'abbaye de *Tamiez*, fondée en 1132, maintenant en ruine.

L'Hôpital, à 10 lieues de Chambéry. La ville est dans une belle situation, à l'extrémité de la vallée de l'Isère. Sa population s'accroît beaucoup depuis quelques années.

En traversant l'Arly, qui prend sa source au

mont Mégève et vient se jeter près de là dans l'Isère, on arrive à *Conflans*, ville très-ancienne, autrefois fortifiée et jadis le chef-lieu de la province. La route qui la traversait, maintenant tourne au bas de la ville.

En continuant à remonter l'Isère, on trouve *Aigueblanche*, où sont des carrières de gypse, de tuf et une source ferrugineuse.

Moutiers, à 15 lieues de Chambéry ; chef-lieu de la *Tarentaise*, ancien pays des *Centrons*. Antique évêché, qui figure dans l'histoire au 4ᵉ siècle. Les habitants sont connus sous le nom de *Tarins*. On y trouve de belles salines.

Ayme, où l'on voit encore beaucoup d'antiquités, surtout dans une chapelle souterraine.

Saint-Maurice, bourg très-marchand, où se tiennent de grandes foires.

De l'autre côté de l'Isère est *Pesey*, non loin des glaciers du *Plan*, où l'on trouve des mines de plomb et d'argent.

Après Saint-Maurice est le village de *Seez*, où l'on entre dans les Hautes-Alpes. A l'est de Conflans sur le *Doron*, toujours dans la Tarentaise, est *Beaufort*, dont les habitants, actifs et intelligents, émigrent presque tous. C'est la patrie du poète Ducis.

La route d'Italie par le *Mont-Cenis* passe également à Montmélian ; mais ensuite on traverse l'Isère et on arrive à *Aiguebelle*, en remontant la rivière de *l'Arc*, qui prend sa source au *Mont-Lenta.*

A *Aiguebelle*, on voit une assez jolie église qui renferme le tombeau en bronze de son fondateur. A 5oo pas de là on aperçoit les restes d'une autre église et de quelques maisons qui furent ensevelies sous un éboulement de neiges et de rochers en 1760.

Là s'ouvre la vallée de la *Maurienne*, contrée d'un aspect sauvage et désolée par le crétinisme, ce qu'on attribue à la crudité de l'eau et à l'encaissement des gorges, où le soleil ne pénètre jamais. Ce pays offre de grandes richesses en botanique.

La Chambre, village dont les abords sont pittoresques.

Saint-Jean de Maurienne, ville très-ancienne, à 14 lieues de Chambéry, à la naissance des Hautes-Alpes. Sa population est de 2000 ames. Charles-le-Chauve y mourut, à son retour d'Italie, empoisonné par un médecin juif.

On continue à remonter *l'Arc*, et l'on atteint le *Mont-Cenis*, après avoir passé à *Lans-le-bourg.*

Près d'Aiguebelle, le territoire compris entre l'Arc et l'Isère est intéressant sous bien des rapports.

A *Coyse*, on trouve une source minérale froide gazeuse.

A *la Rochette*, il se fait un grand commerce de blés. Près des ruines du fort des *Huiles*, on voit les restes d'un couvent de Carmes, fondé en 1330. A peu de distance est la montagne de *Saint-Georges d'Heurtière*, riche en minerais. Elle contient du fer, du cuivre et du gypse.

Arvillard, sur le torrent de *Bens*, dans une gorge étroite et sombre. Près de là est l'ancienne chartreuse de *Saint-Hugon*, fondée en 1171 par Hugues d'Arvillard qui l'avait richement dotée; elle est maintenant en ruine. Pour y arriver, on traverse le torrent de Bens sur un pont d'une seule arche, d'une hardiesse effrayante, qu'on appelle le pont du Diable. A peu de distance, sont de belles usines.

A la jonction du Brédol et de l'Isère, on voit les restes d'un vieux château où naquit Bayard.

Maintenant, revenons à Chambéry, pour, de là, nous diriger au nord, sur Genève.

Après la vallée d'Aix, au village d'*Albens*, deux routes se présentent, l'une par *Rumilly*, l'autre par *Annecy*.

La première passe par *Rumilly*, *Mionas*, *Frangy* et *le Luiset*.

Rumilly est une petite ville fort ancienne, à la jonction de la Nèphe et du Chéran. Les murailles qui l'entouraient jadis furent détruites sous Louis XIII.

La plaine de Rumilly, qui s'étend depuis le bassin d'Annecy jusqu'à la Chautagne, est toute coquillère.

L'autre route, plus pittoresque, passe par *Alby*, village plusieurs fois brûlé dans les guerres, sur le Chéran, dont le cours rapide produit des accidents de terrain très-curieux. Ce torrent, à sa sortie des Beauges, traverse toute cette vallée nommée *Combe d'Alby*, et est partout encaissé entre deux bancs de rochers qui s'élèvent verticalement des deux côtés, souvent à une très-grande hauteur. Ces rochers, composés de grès, sont entremêlés à leur base de couches verticales de sable, de 7 à 8 pouces d'épaisseur. La partie supérieure est recouverte d'assises horizontales de sable et de cailloux qui n'ont pu s'y établir qu'après un premier mouvement. Pour soutenir les roches perpendiculaires et prêtes à se détacher, on a soin, sur plusieurs points, d'établir de longs et forts madriers. Le pont où passe la route est à une hauteur prodigieuse au-dessus du torrent.

Annecy, connu des anciens sous le nom de *Dinia*. On y trouve des antiquités. La ville a été plusieurs fois brûlée. On y conserve les cendres de Saint-François de Sales. Le vieux château appartenait aux comtes de Genève. La ville est traversée par des canaux venant du lac; elle possède plusieurs belles fabriques.

Le bassin d'Annecy paraît avoir été abandonné par les eaux, qui sont resserrées maintenant dans un beau lac de 3 lieues de long sur une de large, dans la direction du nord au sud. On lui donne 60 mètres dans sa plus grande profondeur.

Au sortir de la ville, les eaux se réunissent dans le canal de *Thion*, qui se décharge dans le Fier. Ce canal ayant beaucoup de rapidité, a donné lieu à l'établissement de plusieurs usines au village de *Cran*.

Sur une colline au nord-est, est le village d'*Annecy-le-Vieux*, où l'on trouve quelques fragments d'anciennes constructions.

A l'extrémité sud du lac est le hameau de *Droussard*, où l'on a construit un pont pour le service des houilles d'Antreverne.

La mine est sur le versant oriental de la montagne. Elle fut découverte en 1794 par un éboulement. Elle est très-étendue et dans une situation favorable pour son exploitation.

Près de là est *Faverge*, dans une jolie position. On y a trouvé d'anciens tombeaux gaulois qu'on croit du 9ᵉ siècle. Ce sont de grandes pierres, qui conservent quelques traces d'inscriptions latines ou gauloises et de figures de guerriers.

Au midi, on voit les montagnes des Beauges déja décrites.

Près de *Talloire*, patrie du savant Bertholet, mort en 1822, est le château de *Menthon*, qui domine tout le lac, et au-dessus duquel s'élèvent des rochers, qui d'Annecy ont l'apparence d'une tour. La montagne en a pris le nom de *Tournette*. C'est le point culminant de toutes les hauteurs entre le Rhône et l'Isère. Son élévation est de 2,143 mètres au-dessus du niveau de la mer.

Menthon était une ancienne baronnie. On y lisait jadis cette inscription : *Ante natum Christum, jam baro natus eram.* Il s'y trouve deux sources d'eaux minérales, fréquentées par les habitants des environs. Les Romains y avaient des bains.

Près de là, dans la jolie vallée où coule le Fier, qui prend sa source au-dessus de Thônes et se jette dans le Rhône, on trouve, à peu de distance d'Annecy, le site curieux que l'on nomme le détroit de *Saint-Clair de la Cluze*. Il faisait partie d'une voie romaine de Conflans à Genève. La route avait été taillée dans le roc. Il avait fallu jeter un pont sur le torrent qui passe entre deux montagnes escarpées et distantes l'une de l'autre d'environ 60 mètres. Le Fier, comme le Chéran, roule des paillettes d'or.

D'Annecy à Genève, la route qui traverse *Cruseilles* n'offre rien de bien remarquable.

Nous terminerons là cette description rapide de la Savoie; dans cette contrée si pittoresque, il est sans doute bien d'autres lieux dignes d'être visités et que trouvera l'amateur de la belle nature; chaque promenade lui fera découvrir des beautés nouvelles.

Les excursions qui se font le plus communément pendant la saison des bains, comme nous l'avons déja dit ailleurs, sont en Italie, dans la vallée d'*Aoste*, au *Mont-Blanc*, à *Genève*, à la *Grande-Chartreuse*.

CHAPITRE XVI.

RÉSUMÉ STATISTIQUE ET HISTORIQUE SUR LA SAVOIE EN GÉNÉRAL.

La nature semble avoir pris plaisir à réunir dans la Savoie tout ce qui peut plaire, étonner et intéresser. Quoique les Alpes vues de loin n'offrent à l'œil qu'une aridité constante et monotone, c'est dans ces immenses chaînes de montagnes que se trouvent les plus hautes cimes, les pics les plus élevés et les plus célèbres de toute l'Europe. D'énormes glaciers y prenant des

formes variées et bizarres, des vallées plus curieuses les unes que les autres, des abîmes sans
fond, des antres obscurs, des rochers sauvages,
de beaux lacs, des collines fertiles, tout appelle
l'attention du voyageur. Les productions varient
comme le terrain. On y voit croître le sapin, le
hêtre, le frêne, le bouleau, le chêne, l'aune, le
noyer, le châtaignier, le tilleul, la vigne, le mûrier, le figuier, le pêcher. Pour la botanique,
les points les plus intéressants sont les Beauges,
la Maurienne, la Tarentaise. Les vallons sont en
général d'une fertilité remarquable.

Toutes les richesses ne sont pas à la superficie
du sol; il en est de cachées dans ces gorges profondes, dans les flancs déchirés des montagnes.
Sur plusieurs points, on trouve des filons métalliques : du cuivre, du fer, du plomb, de l'argent,
même de l'or; du marbre, des houillères, du
gypse. Des sources d'eaux minérales surgissent
de terre de tous côtés; il en est de sulfureuses, d'acidulés, de ferrugineuses, de salines, d'alcalines; quelques-unes chaudes, les autres froides, mais toutes très-abondantes. Enfin, pour le naturaliste,
le géologue, le peintre, le botaniste, pour l'artiste, pour le savant, pour l'amateur éclairé, c'est
un vaste champ ouvert à de précieuses recherches, à d'intéressantes méditations.

La Savoie, ancien pays des *Allobroges*, est

comprise dans la partie des Alpes et des chaînes qui en dépendent, depuis le Mont-Cenis jusqu'au Mont Saint-Bernard. *Alpes*, tiré du celtique *Alpen*, signifie *élévation*. L'histoire parle des Allobroges dans les temps les plus reculés. On les suppose d'origine celte : ils durent venir plutôt de la Gaule que de l'Italie, dont ils étaient séparés par des montagnes alors inaccessibles. Le nom plus récent de Savoie vient de *Sabaudia*, auquel M. Albanis-Beaumont donne également une origine celte et qui voudrait dire *contrée montueuse*.

Ce peuple fut un des derniers des Gaules à se soumettre aux Romains, ce qui n'eut lieu que vers l'an 690 de la fondation de Rome. A la décadence de l'empire, il passa sous la domination des Francs. Il fit ensuite partie du corps germanique. Vers l'an 930, la Savoie fut incorporée au royaume de Bourgogne. En 1032, elle revint à l'empire germanique. Elle était alors composée de plusieurs petites provinces obéissant à des comtés particuliers. Au 15e siècle, elles se donnèrent toutes à la maison de Savoie, issue des comtes de Maurienne, dont l'origine se perd dans la nuit des temps, et qu'on croit de race saxonne. A cette époque, la Savoie fut érigée en duché. Sous François Ier, la partie méridionale fut réunie à la France. En 1559, Henri II la restitua au duc Emmanuel-Philibert. Celui-ci joignit aux états dont il avait hérité, le Piémont, qui bientôt eut la prépondérance dans le gouvernement et l'administration. En 1792, la Savoie fit partie du territoire français, et forma sous la république et l'empire le département du Mont-Blanc et une portion de celui du Léman. En 1815, elle fut remise au roi de Sardaigne; depuis lors, cette position n'a point varié.

Le sénat de Chambéry, né des usages italiens, était très-renommé; il avait les mêmes attributions que les parlements français. Les finances étaient régularisées par une cour des comptes. Le droit romain y était en vigueur; toutes les lois avaient été réunies en un seul code, sous le nom de Constitutions, par le roi Victor Amédée Ier.

Aujourd'hui, l'administration du pays est confiée à un intendant général, et chaque province a son gouverneur.

Toute la Savoie professe la religion catholique.

Le patois est doux et assez riche en images: c'est un mauvais français auquel sont joints des mots dérivés du latin; la prononciation varie seulement d'une vallée à l'autre.

Voici un couplet en patois de Chambéry, dans

lequel le chanteur forme le vœu que l'eau de l'Aisse soit changée en vin de la Chautagne.

> De Bailleri on cartan de Satagne
> Que l'Aisse fusse sandia
> En vein de Chautagne.
> De me cuchiri chu le pont
>   Tot de mon long;
> Et de dire à l'Aisse,
> Le bon Dieu te craisse !

Il y a quelques coutumes particulières au pays dont nous avons encore à parler.

Anciennement on y célébrait des espèces de saturnales. Au temps de la chevalerie, les tournois y furent en grand honneur. On s'occupait beaucoup aussi du *tir* ou *jeu d'arquebuse*, qui datait de François Ier, et qui avait ses règles et ses statuts. Le roi du tir avait quelques immunités; à leur réception, les chevaliers tireurs donnaient un gage, en promettant de ne pas médire des dames.

Dans les campagnes, toutes les fêtes ont un caractère religieux. Le matin, les habitants se réunissent à l'église, le soir à la vogue, où l'on danse et où se tient une petite foire.

L'enfant qu'on va faire baptiser à l'église est

porté sur l'épaule droite, si c'est un garçon, et sur la gauche, si c'est une fille. Huit jours après l'accouchement, on fait la fête dite des *Arbailles*. Le compérage établit un lien entre les familles comme la parenté.

Dans quelques cantons, le refus d'écouter un galant se fait par un tison que la fille place tout droit dans la cheminée; dans d'autres, comme dans la Tarentaise, l'amoureux a plusieurs conditions à remplir. Il est d'abord admis sous la fenêtre, puis sur le seuil de la porte; enfin, s'il est agréé, il doit passer une nuit tout habillé sur le lit de sa maîtresse, sans que la décence ait jamais à en souffrir. Souvent, au retour de l'église, la mariée se cache, et l'on ne se met à table que lorsque le marié l'a trouvée au son de la musique. Le premier dimanche de carême, qui est un jour de réjouissance, on donne à la mariée une sorte de charivari. Les enfants crient à la porte : *Allouga! madame est grosse*, jusqu'à ce qu'on leur jette des beignets, des noix, des noisettes. Pour enterrer les morts, on prend un homme ou une femme, qu'on appelle *couseur* ou *couseuse*, et qui a pour salaire la dépouille du défunt. Au retour de l'enterrement, les amis et les parents font ensemble un repas, tradition des temps anciens.

On connaît la coutume des Savoyards d'aller au loin tirer quelques profits d'une industrie particulière. Ces émigrations périodiques ont lieu vers l'automne ; ils reviennent au commencement de l'été pour la récolte des grains, et repartent bientôt après avec de nouvelles recrues, laissant les femmes et les vieillards pour soigner les bestiaux, et suivre, pendant leur absence, les travaux indispensables. C'est ordinairement en France qu'ils vont. Ils en reviennent tous avec une petite somme d'argent, qui se monte, terme moyen, à 60 ou 80 francs.

Les branches d'industrie propres au pays sont les fers, la gaze, les bestiaux, le blé, le fromage, le vin. Le commerce de transit de France en Italie est assez considérable.

La livre n'est que de 14 onces.

La lieue est de 3,954 toises de France. La poste est de cinq milles de Piémont ; le mille de 2 kilomètres 466 mètres.

La Savoie est coupée par de belles routes bien entretenues et qui ont coûté des travaux immenses :

Celle de Grenoble à Genève ; celles de France en Italie par le Mont-Cenis et par le petit Saint-Bernard ; celle de France à Chambéry, par le mont du Chat.

Le gibier le plus commun est : la bécasse, le canard, la grive, l'alouette, le merle, la perdrix, la sarcelle, le râle, le vanneau.

Dans les bois et dans les montagnes on trouve le cerf, le chamois, le chevreuil, le lièvre, l'écureuil, la marmotte, l'ours brun.

Table des chapitres.

Introduction . . . . Page   1
Chapitre   I. L'arrivée.   5
Chapitre   II. Des eaux minérales en général   7
Chapitre   III. Des eaux minérales d'Aix   15
Chapitre   IV. Traitement des eaux   26
Chapitre   V. Description topographique, historique
                   et statistique d'Aix   38
Chapitre   VI. La Vacherie du mont du Chat   52
Chapitre   VII. Le lac du Bourget   57
Chapitre   VIII. La cascade et la tour de Grézy, la
                   tour de St.-Simon   66
Chapitre   IX. Le château du Bourget   70
Chapitre   X. La colline de Tresserve, Bouport . .   73
Chapitre   XI. Hautecombe, Chanaz   76
Chapitre   XII. St.-Innocent, St.-Germain   92
Chapitre   XIII. La Maison du Diable   95
Chapitre   XIV. Les Beauges   101
Chapitre   XV. La Savoie, description générale   118
Chapitre   XVI. Résumé statistique et historique sur
                   la Savoie   140

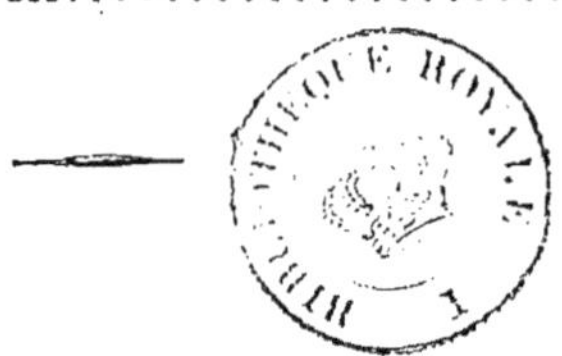

Lith. rue Richelieu, N° 92

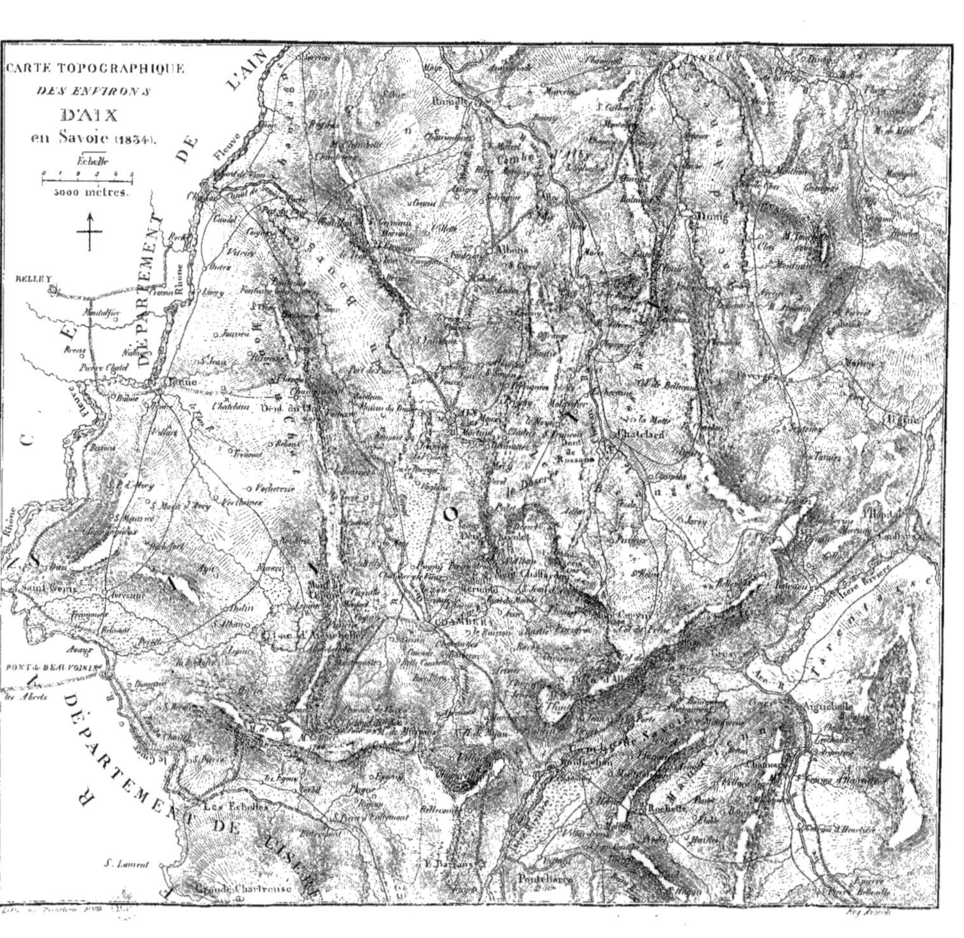

CARTE TOPOGRAPHIQUE
DES ENVIRONS
D'AIX
en Savoie (1834).
Echelle
5000 mètres.
BELLEY
DÉPARTEMENT DE L'AIN
DÉPARTEMENT DE L'ISÈRE
PONT de BEAUVOISIN
les Abrets
S. Laurent
Grande Chartreuse
Les Echelles
Saint Genix
CHAMBÉRY

CAR

BE]